Consoler nos enfants

如何安慰
我們的孩子？

兒童心理學家的九堂課
帶你緩解兒少的情緒陰影

心理治療師及創傷心理學專家
Hélène Romano
愛蓮・羅曼諾——著　哈雷——譯

CONTENTS

CONTENTS

CHAPTER 5

CHAPTER 6

CONTENTS

CONTENTS

推薦序

在陪伴中學會與孩子的創傷對話

我依然記得愛蓮・羅曼諾首次來《母親之家》（La Maison des maternelles）錄影現場的情景，印象中那天的主題是「如何與孩子談論死亡」。

而我那時思緒其實不太專注（心不在焉）。剛以四十二歲的高齡生下老二的我，內心的風暴一直壓不下來，不好的往事屢屢從腦海浮現，讓我把什麼事都往壞的方面想。我們心自問，當我連自己都安慰不了時，該如何保護我的孩子、讓他們免受生活中的種種苦難？當愛蓮一開口，在她那雙湛藍色的眼睛注視下，一切豁然開朗，迷障一掃而空。其實沒有什麼策略，只要盡可能跟孩子交代真相即可。

從第一次訪談開始，她讓我逐漸理解父母該做的事，就是陪伴與關懷。將孩子與世隔絕是不可能的，所以要用陪伴、關懷來引導孩子進入真實世界。

後來我又見了她幾次。在當面聽她說起十一月十三日恐怖襲擊造成的創傷時，我心想：「愛蓮照顧了那麼多父母和孩子，可是誰來照顧她？誰又能安慰她？」

沒有人天生就知道怎麼為人父母，但愛蓮將畢生用於指導我們這些「能提供安慰的人」，進而成為更好的父母，她在書中對此做了詳盡的說明。

解讀孩子的內心創傷很難，我一直很怕會錯過什麼蛛絲馬跡。而這本書是很好的指南，能幫助你理解孩子的悲傷，以及他們面臨的現實。

咀嚼完書中溫柔的見解後，你會更了解身為父母的自己，也會更了解孩子與其內心世界。愛蓮會幫助你解讀孩子的創傷，並教你如何看待、進而給予最適當的安慰。

我相信很少人能做到像愛蓮那樣，總是把自己擺在與孩子平齊的高度。

感謝愛蓮，我（差不多）已經準備好迎接孩子的青春期了！

《母親之家》主持人／阿加西．萊卡龍（Agathe Lecarron）

前言
用安慰，做孩子成長的後盾

寫本教人安慰孩子的書似乎是個奇怪的想法。只要會關心別人，安慰誰不會啊？更何況是安慰孩子。其實只要詢問周圍的人如何安慰自己的小孩或他們對該任務的想法，就能聽到各種五花八門的情境及其微妙之處。

然而，只有在直接面對孩子的悲傷、絕望、困境與痛苦時，才能確實理解「安慰」的意義，以及掌握安慰技巧的重要性。

童年是生命之始，也是人類成長最快速的時期。孩子在平安長大前，得完全依附周遭成年人、從其手中獲取必要資源。而讓自己的孩子在成長過程中免受生活種種不幸和困難影響，就成了多數父母的最大期望。

雖然希望孩子能一生無憂，但再怎麼順遂的童年都會夾雜困難和痛苦的考驗。天下父母除了得被迫接受這個赤裸裸的現實，還得面對一個難題：大人常會忘記自己當孩子時如何看待生活、如何理解正在經歷的事。兒童向來活在當下，越小的孩子就越傾向以簡單邏輯來理解周遭世界，並將其經歷過的事件以當時心情標示，因此某些芝麻蒜皮的「小事」可能會在他們的生活中佔據極大份量。當大人發現孩子居然如此在意那些「小事」，就會對他們的反應感到困惑。以孩子的高度來看，不幸或悲傷沒有大小之分，同樣道理對嬰幼兒也適用。因此，當孩子在經歷生活諸多不快或痛苦時，明知他們需要安慰與鼓勵，但要怎麼說、怎麼做、如何說、如何做，這些都沒想像中簡單。

兩歲的馬夏，在乘坐大眾運輸時弄丟了心愛的絨毛玩具，因此不停地哭。對此不知所措的父母告訴托兒所：「他的反應就像斷了手一樣誇張。」讓父母或保母抱在懷裡時，他會平靜一陣子，但當他想起自己的絨毛玩具並意識到早就弄丟時，又會開始崩潰大哭。

十三歲的伊娜自從得知她的「最好閨蜜」不再是她的「最好閨蜜」後，就把自己關在房間裡。不明白為何會被朋友「背叛」的她獨自沉浸在痛苦中，蒙著被子哭了幾個小時。她的父母覺得這是小事，不懂她為何如此傷心。伊娜的父親認為：「這只是成年生活的開始，她不堅強起來的話，就會一直痛苦下去。」父母的反應從最初的生氣、惱火、憤怒，逐漸變成擔心她過於悲傷，但卻無計可施。

年僅四歲的巴蒂斯特獨自坐在醫院的候診室裡，護理師為他準備了一些玩具。說是「獨自」也不對，他身邊有很多大人正忙著搶救他的家人。不久前發生了一場車禍，這個抓著心愛玩具不放的小男孩是唯一倖存者，他的父母和兩個姊姊則不幸罹難，他的生活就這樣粗暴地被救護車的鳴笛聲打碎了。這些醫護人員完全不知道該說什麼、做什麼，只能私下討論。「不能就讓他這樣下去，得告訴他實情」、「不，他還太小，什麼都不懂，別告訴他」、「他的祖父母就快到了，讓他們去說吧」……一位護理師問他要不要吃點什麼，他搖頭拒絕了，另一位試圖與他交談、想跟他一起玩，但他沒反應，似乎被巨大的創傷「凍住」了。自從來到醫院後，巴蒂斯特就維持空洞的眼神，除了不斷喃喃著「媽媽、媽媽」，護理師們從他那得到的只有無盡、無助的沉默。他既不哭也不鬧，靜靜地待在被急救人員安置的地方，抱著心愛的玩具，機械式地來回移動手上的小車車，讓它不斷撞自己的鞋子。

某個夏日，三歲的雷歐和五歲的阿斯特里德家中的貓失蹤了一星期。現已成年的他們仍對童年這段經歷印象深刻。「起初我們到處找牠，爸媽為了安我們的心，說牠應該是躲起來了，過陣子就會自己回來，沒什麼大不了。可是我們一直哭，牠可是我們的摯友兼同伴，萬一牠再也不回來怎麼辦。爸媽拚命找牠，但隨著日子一天天過去，他們終於把我們叫到面前，說要告訴我們一個壞消息：牠可能在哪被車撞了。媽媽安慰我們，說牠現在快樂地在『貓咪天堂』待著。爸媽說我們可以再養一隻，但我們不想，任何貓咪都不能取代我們的……結果，出乎所有人預料，牠居然又一副沒事地跑回來了。」

以上這些案例都是安慰孩子可能會遇到的複雜情境。雖然情況五花八門，事件背景與孩子年齡也各不相同，他們彼此也無交集，但其共同點在於，大人即使想安慰身邊經歷過極端、難以形容事件的孩子，並撫慰其痛苦，一時可能也不知如何下手。

書寫關於安慰的文章，並將重點放在安慰孩子上，聽起來似乎不難，其實不然。市面上關於安慰的書籍很多，但主要是針對成年人，難道大眾覺得孩子不用關心？還是覺得安慰孩子太簡單沒必要教？針對兒童的著作常被標榜為所有孩子或父母均適用的「教育祕笈」，只要照著做就好，無須考慮太多有的沒的。這些祕笈的理論很能說服人，但實際操作起來則很快就會碰壁，因為每個孩子都不一樣。

將自己置於與孩子平齊的高度來理解他們、進而安慰他們，說來簡單做起來卻不容易。安慰過程的第一步，無疑是接受對方的痛苦，此時太過強勢是大忌，因為孩子會以為你想藉由否認他的痛苦以盡快達到安慰效果。

在進一步討論之前，先從「安慰」的法語「consoler」來思考其意義。「consoler」的詞源為拉丁語「consolari」，它是「cum」和「solus」的組合字。「cum」的本意是「完整」，故「consoler」就相當於「回歸完整」，也就是修復一個完整性受損的人。因此我們可以說，「安慰」是讓那些因失去而悲傷、受創、痛苦的人安心，進而振作。換個角度來說，當一個人被某事件攪亂了身處環境、方向、未來的可預測性，以及一切自己原本能掌握的東西，生活就會天翻地覆，其身心也會受創。而「安慰」是種能幫助受創的人逐漸回歸日常生活的人際修復過程。從心理層面來看，安慰是種能支持、援助受苦者的手段，不過其目的並非修復（徹底根除）創傷。如果有人能發明出一個可將經歷過的痛苦都擦得乾乾淨淨的超級板擦，那該多好？不過人生畢竟不像黑板，擦乾淨就又是空白一塊。生活摻雜了種種大人或小孩必經的艱難考驗，當然也有快樂跟幸福的時光。

人生其實是由各種體驗拼湊而成。這也是為何每個人都是獨一無二，自己的父母與孩子絕對跟別人的不一樣。「安慰」就是在當事人深陷痛苦或悲傷時，深入這個拼湊的結構，以提供必要的心理支持，進而將當事人從創傷中拉出來。

「安慰」就是協助療癒人生的創傷，不過知易行難。關懷他人的能力對一般人來說很重要，對孩子更是如此。然而，這種能力既不能量身訂做，市面上也沒「超級安慰機器人」可以買，當然也不存在什麼專業「工具箱」有配備這種東西，更無法用APP2.0、Podcast或線上教學那樣一步驟一步驟地傳授，即使用染色體或基因控制也無法讓人生來有此神力。

安慰是種微妙、細緻，但過程會有些顛簸的人際相處藝術，所以我們終其一生都得不斷精進。這種技能並非一成不變，也沒人天生就有，更不是一學就會。各人得根據其生活經歷建構、解構、創造、重塑、編織（法語為

「tricoter」，是兒童保護常見的術語）、分解，方能揣摩出自己的一套。

這三十年來，我致力於幫助那些因生活或近年發生事件而身心受創的兒童與大人。我不僅觀察到安慰孩子時會面臨的種種困難，亦看到很多明明亟需安慰卻沒有主動要求的孩子。周圍大人亦可能在該安慰還是不該安慰之間猶疑，以致於在面對一群等待安慰的對象時，無意間忽略了沒提出要求的孩子、身旁有大人卻因某種因素無法提出安慰需求的孩子，甚至身邊根本沒大人（或根本不信任大人）的孩子。不管心理受創的兒童是因為什麼原因被忽視，無法及時得到安慰，其身心發展都會受到嚴重影響。或許有些人一輩子都無須旁人慰藉，但那種日子比有人陪伴身旁難過很多。

我將自己作為心理治療師的經驗編寫成此書，其目的並非提供現成的解決方案。每個孩子都是獨一無二的，所以我們必須根據孩子本身的特質調整；當然每個大人也是獨一無二的。市面上已有不少從人類學、哲學、心理教育角度探討「安慰」的書，不過本書不是。除了分享經驗，我希望本書能讓讀者重新思考安慰對孩子的意義，並認清大人在心理受創的孩子面前該扮演的角色，進而用這種超級微妙的藝術安慰孩子，讓他重拾對自己、他人和生活的信心。

CHAPTER 1

孩子也會悲傷

要探討如何安慰孩子，必須先知道如何察覺、揣測孩子可能需要安慰的情況，所以就從「察覺」開始說起。生活對兒童、青少年來說充滿諸多試煉，所以需要安慰的時機不少：失去心愛的玩具、更換老師、轉學、父母離異、因弟妹出生而失寵、搬家、挫折、成績差、第一次與好友絕交或失戀、失去各式各樣的東西、親友的生病或死亡等。以孩子的高度來看，這些數不勝數的試煉造成的損失、悲傷、痛苦並無大小之分。孩子不像大人般有辦法應對、理解自己的創傷，遑論治癒傷痛。然而，能傷到孩子的事不一定能傷到大人。

大人往往無法理解孩子的痛苦

八歲的勞拉要與家人搬到別區，她的哥哥和父母都很高興。新家是附大花園的透天厝，「家裡有個游泳池」對哥哥來說更是夢寐以求的事！在窄小公寓渡過疫情封鎖時期後，很多法國人會想徹底改變生活環境，常見作法就是像勞拉的父母一樣搬到外省[1]去，因為外省的房子比公寓大很多。每個人在參觀新家時都興高采烈，除了勞拉以外。搬家之際，她既不想打包行李，也不想像哥哥們那樣在學年結束時與朋友相聚，辦場惜別會。她反而把自己關在房間裡，鎖住自己的心房，成了父母眼中的「不要不要小姐」。對她來說，這次分離是深沉的悲哀：沒了朋友、換了學校，一切得重新開始。雖然身邊的人將搬家視為相當好的事，但她卻因此獨自承受巨大痛苦，亦無人可給予撫慰。

同為八歲的裘蒂在兩歲時父母離異，當時算是和平分手，故她沒有經歷一般單親兒童會經歷的劍拔弩張與監護權爭奪。她的父母在離異後自認為做了「很有彈性」的安排：兩人住處相隔不遠，以便女兒隨時去找對方。隨著時間過去，父母各擁新歡，但裘蒂似乎「一切如常」，父母也認為她適應良好。

1. 編註：巴黎之外的其餘區域。

「她一點也不敵視父母的新男（女）友，態度也很友善。」家庭重組似乎進展順利，直到她母親說要與同居三年的男伴結婚，原本跟他處得不錯的裘蒂突然變了，一天都不想待在母親身旁、拒絕跟未來繼父交談、要求搬去跟生父一起住（但生父因工作的關係從未考慮該選項）。其母表示：「她『哭鬧、尖叫、憤怒、打人』的行為變本加厲，後來連課都不去上，蠻橫地反對我再婚。她還說，如果我再婚，就不再認我這個母親。」

勞拉和裘蒂的處境完全不同，但從這兩案例均可看出，當孩子的反應與周圍的人大相逕庭時，可能有多痛苦。讓勞拉難過的，是父母對她的不理解；造成裘蒂痛苦的，也是其父母、繼父對她的不諒解。周圍的人反應與自己脫節而感到「被遺棄」，就是這兩個生活毫無交集的小女孩當時的心境，只是她們必須花時間與各自的父母一起解讀出自己的心境，父母才能理解她們不是單純「任性」，而是真的悲傷需要安慰。

知道孩子會痛苦是一回事，但理解孩子的痛苦又是另一回事。「知道」和「理解」的區別看似很小，但某些大人一時之間會對小孩的舉動手足無措，多是因為對孩子的痛苦「一知半解」。

聖修伯里（Saint-Exupéry）的名著《小王子》有這麼一句話：「淚之境是如此神祕。」孩子的痛苦與創傷位於神祕之境，但即使是祕境也得闖一闖，因為要安慰孩子，得先了解其痛苦從何而來。若連孩子痛苦根源都不知道，甚至連孩子在痛苦都不知道，那又談什麼安慰？

前面說過「安慰」是種人際修復過程（請見第二十頁），假設安慰孩子也是，那孩子在痛苦之際若有大人安慰，就能好好渡過難關。然而，大人通常很難接受、理解的是，孩子痛苦的原因可能跟大人的截然不同。孩子的認知能力不足，有時要理解眼前發生的事已經很難了，遑論想出解決方法、設想之後的事、參考過去的經驗，自然也無法用大人的方法解決事情。孩子活在當下，當生活因某個突發事件失衡，就會在內心醞釀出一場風暴，即使那是大人眼中的

芝麻小事。

六歲的阿克樹因病需驗血，這是他生平第一次抽血。跟父母在急診室待了漫長的兩個多小時，見多了來往的人群、哭鬧的孩子、某些激動的父母、不安的氣氛，令他精神疲憊。好不容易輪到他後，先來了位護理師，然後是實習醫師，接著還有別人，他只得一遍遍重複發生在自己身上的事。就連他的父母與大多數身處同樣情況的人，都很難理解這些常規醫療流程，何況是僅六歲的他。為了判斷阿克樹的身體狀況與發燒原因，那些「穿白衣服的人」決定為他驗血，最後他終於在「箱子」裡平靜下來（這裡的「箱子」只是某個安靜、適合醫療檢查的小空間，但對他來說就像個「箱子」）。阿克樹安頓完畢後，一名護理師來了，像大多數忙碌的醫護人員一樣，她只簡單地說「要用細細的針打進去、一點都不痛，你就想著要出去玩就好」。只是對一個六歲的小男孩來說，要往手臂扎的那根針頭根本算不上「細」，他也感受到護理師與父母都很緊張。護理師輕拍他的前臂靠肘彎處，想找出「好打的血管」，但結果是「你的血管不太好打」。雖然她當下沒有惡意，但阿克樹與他的父母將這句話解讀為「他的小手臂太瘦弱了」。因為置針不順利而緊張的護理師一直要他別動，但他根本沒動。最後她終於一言不發地採完血、往傷口放了團棉花、貼上OK繃固定，然後就走了。阿克樹痛到哭出來，父母雖然也因護理師略顯「粗暴」的舉止而不安，但還是一邊握著他的手稱讚他勇敢，一邊重複著「沒事了」、「你長大了」、「男孩子要堅強」。這件事看似微不足道，但當時氣氛緊張，在抽血過程中感受的疼痛只會因恐懼而加劇。一個月後，醫師要求阿克樹再驗一次血，他尖叫著拒絕，因為他覺得會跟上次一樣痛。年僅六歲的他無法理解急診室為何會那樣，也沒能力理解上次抽血很痛，不代表之後每次都會痛。

若父母或照顧者設法在心理上與孩子同在，也就是耐心聽他傾訴、從他有限的表達能力理解他想表達的情緒，就有可望撫慰其痛苦。人與人之間的交流有時就是得靠這些細膩的舉動（一個眼神、一個擁抱），讓對方相信自己在這世上並不孤單。然而，有些大人反而會在無意間做出背道而馳的舉動。

面對明顯沮喪的孩子，大人卻因為不知道該說什麼，只能用空洞和無用的言語來搪塞，彷彿多說一句都會讓自己煩躁，甚至想保持距離。然而，受苦的孩子就這樣被大人的沉默逼著孤身面對自己的恐懼和感受。許多成年人沒有意識到他們的沉默或某些言語可能帶來的後果，常以「有什麼好大驚小怪」的態度來面對已經極度沮喪的孩子，往往會對孩子造成深遠的影響。

現年四十歲的安東尼對那年夏天發生的事仍記憶猶新，當時才三歲的他在某間商店迷了路。「那時我和奶奶一起去買東西，不過是拐個彎去找我愛吃的蛋糕，但繞回來後，奶奶已經不在那了。我連當時穿什麼、自己身處何處都記得清清楚楚。後來我開始大哭，一位女士拉著我的手問我名字，但我說不出來。然後奶奶就一副沒事的樣子出現了，她只跟我說：『你跑哪去了？』。那時我已經哭得不能自己，但她居然說：『知道教訓了吧！』。幾年後，我跟她重提這件傷我很深的往事，但她已經不記得了。對她來說，這（可能）是個只持續幾分鐘的『小事』，但對當時還很小的我來說，這種痛終生難忘：那時我覺得奶奶把我丟了，我被遺棄了。」

萊蒂亞現年二十歲，童年假期都是跟表姊一起過。她回憶起六歲時發生的事：「打包行李的時候，我找不到我的娃娃，接著發現是表姐把它偷走了。於是我告訴外婆，但她覺得這沒什麼要我別在意，但我怎麼可能不在意。我表姐比我還大，我很喜歡她。當我在找我的娃娃時，她故意撒謊，假裝不知道它在哪，我對她的一切信任與欣賞就此破滅。然後我不得不去面對完全搞不清楚狀況的外婆，她依然覺得這是小事，還要我為了謊報表姊偷我東西而道歉。外婆完全顛倒現實，將我當成那個製造問題的壞人。這件事我永遠忘不了，因為太不公平了……」

長期被忽視的身心創傷

我們現今知道，孩子從生命最初幾個月就開始建立起對自己、對環境的意識，此時的他們對任何痛苦都毫無招架之力。然而，這樣的知識在現在是常識，但在以前可不是。

幼童的身體痛苦需要多花點時間才能發現、照料，尤其是在醫療層面。然而以前人們卻認為，由於幼兒的神經認知尚未發育成熟，無法像大人一樣感到疼痛，所以不會真正理解疼痛的感覺，甚至不會記得。這個看似荒謬的觀念在以前存在很長的時間，當時科學界甚至允許嬰幼兒在進行治療與手術時無須麻醉，因為認為麻醉風險還比較大！直到二十世紀的七〇年代，嬰幼兒心理學與神經生物學發展更健全了，人們才意識到嬰幼兒與成人一樣會感到疼痛。

至於兒童的心理創傷，由於時下主流見解依然存在分歧，故常被低估、輕視或直接無視，彷彿是種難以想像、難懂，甚至難搞的學問。這也許是因為承認這種創傷存在，相當於變相否定兒童為獨立個體，畢竟真正的獨立個體是不會因為身邊大人無法保護自己而受創。又或者是因為孩子出現心理創傷，相當於證明大人沒做好自己的庇護者角色，甚至大人自己就是造成創傷的元兇（如虐待案件）。當這些難堪的現實擺在眼前，會讓某些大人反感、擺爛、崩潰，甚至完全無視孩子與其痛苦。然而許多研究都指出，創傷經歷對兒童影響深遠，甚至可能延續至日後的生活。但當孩子的親人被自身痛苦所困，無法顧及孩子的心情，就只能假裝看不見、聽不到孩子的痛苦，避免處理他們的情緒，就跟專業人士有時會視情況採取防禦性反應一樣。

孩子雖然語言、表達、認知能力都不如成人，但也不是毫無情感與理解力的無腦生物。嬰幼兒要表達自身心理創傷等情緒反應，只能用「咿咿呀呀」等連詞彙都稱不上的怪叫表達自己的不滿。隨著年齡增長，孩子會不自覺地逐漸將情緒投射到遊戲或繪畫中，青少年則會無自覺地將情緒以行動或身體各種症狀展現。讀懂孩子向大人發送的求救訊號很重要，這些訊號通常不會以文字呈現，而是由無數蛛絲馬跡組成，大人必須設法解讀出來，才能抓住孩子需要安慰的時機。

若能想起自己在孩提時期的思考模式，解讀就會容易得多。不過大人常會忘記自己當孩子時是什麼樣子，甚至事後才改用成人思維來思考當時情況。

無論童年是快樂或艱辛，它都是生活中不可或缺的一部分。孩子的安慰需求會無意間喚醒大人記憶深處的童年往事。然而大人或多或少會有意識地避免碰觸那些回憶，也許是怕稍微想起來，就會讓已長大成人的自己失衡，進而損害安慰孩子的能力。無論那些回憶是樂是悲，我們都不能無視其在童年佔的重要性，因為我們正是經歷過那些往事，才有機會安慰眼前這個痛苦的孩子。

安慰無法言語的孩子

「孩子」的法語「enfant」詞源為「infans」，意為「無法言語的人」（qui ne parle pas）。童年是生命之始，但社會並非自古以來就重視這個人生階段，至少「兒童」的概念是最近幾個世紀才出現。根據菲利普・埃里耶斯（Philippe Ariès）的著作《舊制度下的兒童和家庭生活》（*L'Enfant et la vie familiale sous l'Ancien Régime*），歷史上有很長的一段時間是不存在「兒童」概念的。埃里耶斯等人進一步指出：「兒童」絕非某種特定、有客觀定義、可目測的年齡層，而是種特徵會隨嬰幼兒死亡率下降而越趨明顯的社會結構，當嬰幼兒死亡率隨著醫學進步而逐漸下降，人們對兒童的興趣才逐漸提昇，並開始關注他們的特殊需求。但並非所有人都認同埃里耶斯的觀點，歷史學家、哲學家、社會學家、人類學家、法學家與心理學家對童年的看法就相當分歧。然而從幾個世紀累積至今的無數藝術作品等史料中可發現，「兒童」的形象確實存在於大人的描繪中，並沒有被忽視。但直到十九世紀末至二十世紀初，專家才開始將注意力放在兒童上，並將其視為研究、教育、醫學、法律和商業問題的對象審視[2]。換句話說，兒童和童年的概念並非現代才出現，而是社會看待它們的角度變了。

長期被漠視的兒童，此時尚未被當成人類的未來和希望，所以成年人主觀上還是會忽視，甚至否認其特殊性。

不過孩子的成長依舊讓大人體會到時間的流逝與人類無法突破的侷限。這並非什麼新鮮事，證據俯拾即是。到了十九世紀末，社會仍未重視兒童的需求，弱勢階級還常將小孩視為「多吃飯的一張嘴」。當孩子平安長大，且能藉由工作積極參與家庭生活、承擔家庭責任，才會逐漸受到重視。至於貴族和資產階級會將孩子們視為一種可能提昇其社會地位的「投資標的」：先讓他們從小受良好教育提昇競爭力，等孩子大到可以結親，就會無視孩子本身意願，以其婚事作為代價達成結盟等協議。而在二十一世紀，真實與虛擬之間的界線被隨處可見的螢幕模糊化，大眾對孩子與童年的看法也越趨分歧。

本世紀對兒童的關注和研究比以往還多，對兒童和童年這一人生階段的看法也與上個世紀不同。在經歷過相對「親切」的二十世紀後，隨著相關研究增加，社會似乎將焦點放在該年齡段可能出現的問題，以及家庭生活會因此遇到的難題上，導致一堆「親職教養」資料如雨後春筍般大量出現。親職教養並不是多先進的概念，早在二十世紀五〇年代就出現在精神病學家特蕾莎．貝內德克（Therese Benedek）的著作中。當時她以此來描述產後精神病等病症，並將重點完全放在母親身上，隻字不提父親。不過隨著社會對父母的期望日益高漲，這情況在二十世紀六〇年代被徹底顛覆。自此，父母們發現自己要做的越

2. Lévi–Strauss, 1947; Knibiehler, 2000; Marcelli, 2003.

來越多，只要一個做不好讓社會出了點問題，就得為此負起全責。法國在二〇二三年六月和七月的暴動就是一例：數百名青少年，甚至是還沒進青春期的孩子，因破壞與竊盜行為被捕，許多媒體將矛頭對準這些未成年人的家長，認為這些父母該為此負起主要責任。但父母能怎麼辦？一個唾棄空虛的社會在誕生出一群痛苦的孩子後，卻將「缺席父母」、「放牛吃草」、「只生不養」等標籤強加到家長頭上，因為把一切錯誤推給父母總比自省簡單多了。

至於怎樣的親職教養才叫好，每個人看法不一，但可大致分成幾個層面：義務性（法律層面）、親職建立（面對孩子的主觀與情感層面）、親職實踐（無論日子是輕鬆還是艱難，都知道父母在孩子人生各階段該盡的本分），各層面的發展與結果都應符合社會期望[3]。

社會對父母下的這些指導棋，導致親職教養指南、親職輔導與其他針對父母的媒體熱線激增，彷彿「為人父母」不是需要逐漸學習的技能，而是在孩子出生之際就能靠滿腔父愛、母愛頓悟的奧義。在媒體的推波助瀾下，這些建議居然「進化」成各種高效率、高收益與完美的教育「祕笈」，好似拉拔孩子長大有多簡單，照書養就好。有些父母會因此覺得自己很失敗，為了滿足這些社會期望，拚命想成為完美父母，進而培養出有競爭力的孩子。有時他們雖會套用聽到或讀到的知識，但無法因時、因地、因人制宜。這種環境最終導致父母的親職技能被廢掉，變成「脫離現實的親職教養」。

在這個什麼都講求快速的世界，人們無法在資訊的傳播、共同建構與交流上花太多時間，反正什麼都能虛擬化、用錢買、用完即丟。由於推崇成功與完美的個人主義風行，父母的壓力隨著社會對孩子的重視增加。就像連通管一樣，社會對父母的期望越高，對孩子的期望也越高，父母就越容易失去自己在孩子面前的合法權威性。沒了這種權威，就不能再成為榜樣，就沒人要接受他

3. Houzel, 1999.

的傳承，自然也失去尊重。隨處可見的螢幕將我們的日常生活「虛擬化」，模糊了各種界線，世代之間的傳承也消失了，父母在孩子面前的身影越顯薄弱。

這導致孩子被視為一種會讓大人生活失衡的麻煩，尤其是正值青春期的孩子。人類在進入青春期後會有大幅度，甚至是難以用醫學描述的轉變。此時孩子正值創造力萌發的時候，大人尤其應該給予支持，而非為此轉變成焦慮。

要闡述此觀點，聽聽幼童的話就懂，畢竟孩子的恐懼主要反映了他們從父母口中聽到的見聞。二〇一五年巴黎恐怖襲擊事件後，有位幼教老師在事件後喪生，我前去為其生前帶的中班孩童做心理輔導。當我問他們最怕的東西，大多數會回答「進入青春期」，彷彿那是多可怕的絕症。換言之，對這些年僅四歲的巴黎人來說，最大的恐懼居然是長大、成為青少年。從這些孩童的口中可以發現，以往被忽視的童年，現在不但成為獨立的人生階段，還具有兩種截然不同的形象。青春期前多會被「天使化」，青春期後則被「妖魔化」。

從這些幼童的話語也能看出生活如何受社會變遷影響：生活並不光是由長

第一顆牙、將自己打理整潔、青春期、中年、退休、老年依賴等一連串越來越難的自我挑戰組成，疾病、決裂、分離、失去、失敗、氣候變遷、政治改革等外來衝擊也會給生活帶來壓力。任何小變化都有可能導致大混亂，生活可說是「危機四伏」。雖然積極面對（強迫自己發揮創造力）才是將危機化為轉機的上策，但現代人在長期養尊處優下，多只能消極應對。孩子在如此「險惡」的環境中長大後，會出現一系列焦慮症狀，年輕人尤其明顯，此種新型疾病是為「環境焦慮」（ecoanxiety）。這還沒完！地球持續暖化，光一個不受控的病毒就能讓世界停止運轉數月，加上第三次世界大戰正在醞釀中（對某些人來說可能已經開始了），現在努力學習也不保證以後能找到工作等，我們要如何在這種世界平安長大？食安問題頻傳，隨便吃個東西都能有礙健康；我們還生不起病，因為可能約不到醫生、買不到藥；萬物皆漲，可退休年限被一再推遲等，生活在這種環境，是要如何養出身強力壯的國民？難怪患焦慮症的兒童越來越多（根據世界衛生組織的最新數據，比例已超過二十五％）。雖然我們生活在工業化國家，擁有空前的物質享受和普及教育，但兒童發展的社會心理條件也是空前堪慮，因為社會似乎成了焦慮的主要根源。孩子從很小的時候就被要求成功、認真學習、表現出色。若滿足不了這些要求，就有可能被家庭和（或）社會排斥。然而無知、失敗與失去都是生命的一部分，孩子得經歷這些試煉，才能學會怎麼運用可用資源來應對並克服難關。

CHAPTER 2

安慰的重要性

童年是人生極特殊的時期，所以及時的安慰對孩子極為重要。人從出生到成年的這十幾年變化會相當大，像嬰兒能掌控的能力就遠不如兒童或青少年，故在童年各階段對安慰的需求必然會不同。

獲得安慰，是一種原始需求

孩子並不是「小型成年人」，而是還未發展成熟的人。雖然他們因「器官尚不成熟」[4]而特別容易受環境影響，但即使是剛出生、全賴旁人照顧方能生存的小嬰兒，也擁有些微的能力與情感。綜觀近年來的多項研究，兒童的發展程度可從運動、神經、情感、人際關係與情緒五個層面來評估。要確保孩子能均衡發展，必須滿足各層面的對應需求。大人有管教孩子的權力，但也有養育孩子的責任。雖然大眾對父母理應滿足的部分（特別是吃喝拉撒睡等生理需求）有共識，但其他方面（安全、保護、培育、學習、節制等）該做到多少還有待爭論[5]。除此之外，社會普遍肯定各發展層面之間有極大的相互依賴性，尤其是在剛出生的幾個月，因此大人需多花點時間注意孩子的反應，才能讓他們均衡發展。

嬰兒不會說話，所以餓了會哭，提醒照顧他的大人快餵奶。若一時沒人過來餵奶，寶寶可能會因嚴重的「被遺棄感」而苦惱，因為此時他尚未有足夠的認知能力與時間概念，無法理解這種情況不會持續太久，而且大人一定會過來。對於完全不知世界為何物的嬰兒來說，他只活在當下與視野範圍內的事物中，而獨處意味著危險，所以當大人不在視線內，他則無法理解對方等一下就會出現。當然在大多數情況下，大人很快就會來安撫、餵奶，而寶寶累積一定

4. David, L'enfant de 0 à 2 ans: vie affective et problèmes familiaux, Paris, Dunod, 2013.
5. 根據瑪麗・保爾馬丁・布拉柴斯（Marie–Paule Martin–Blachais）博士於二〇一七年二月十八日發表的兒童基本需求報告。

經驗後，便逐漸學會等待，因為他知道不用等太久。隨著孩子慢慢長大，會不斷經歷新狀況，引發新的焦慮，但也能學會如何應對。他會越來越能忍受短暫的孤獨，因為知道大人一定會過來安撫自己。但如果情況失控，大人怎麼盼都不來，他會因失去依存對象而消極地放任自己身心衰落，甚至死亡，這就是所謂的「醫院病」（hospitalisme）[6]。若他不再進食、不再有反應、不再與外界互動、不再有玩心，代表能讓他忍受短暫不安的情感聯繫已經全部中斷了[7]。

要讓孩子情感發展健全，進而能安然獨處，父母等主要照顧者扮演的角色極其重要：因為他們是新生兒最初建立感情紐帶的對象，也就是兒童專家所說的「主要依附對象」[8]。建立出堅實的心理安全紐帶，並將其編織成「安全堡壘」（base de sécurité primaire），孩子才能養成平和的個性。由此可見父母（或其替代者）對孩子發展的重要性，當孩子獲得大人傳承的資源，方能探索外面的世界。正因為有父母能依靠與珍視自己，才會發展出足夠的安全感與自信，進而全心學習和培養技能（心智、身體、社交），再綜合自己累積的知識，逐漸獨立自主。

人一生會不斷建立與他人的依存紐帶，但嬰兒階段尤為重要[9]。因為嬰兒只能依賴大人才能生存，因此其依存紐帶完全建立在大人給予的關心上。當他餓了、累了、痛了，就會表現出自己的痛苦，要求照顧他的大人前來安撫自己。若大人能及時回應自己的呼喚，他就會逐漸了解到對方是可依賴的，自己並不孤單。若一直沒得到回應，他可能會因為聯繫中斷而極度難受，進而焦躁不安[10]。然而，要建立安全的依存關係，不代表寶寶稍為哼個一、兩聲就要衝

6. Spitz, 1946, 1949.〔編註〕二次大戰期間，前往美國的兒童專家斯皮茨（René Spitz, 1887–1974）提出了一項重要觀念，指出住院治療期間與父母分離的小孩可能會出現身心狀態的問題。
7. Baubet et al., 2003; Bailly, 1996; Moro et al., 2006.
8. Ainsworth, 1973; Byng–Hall et al., 1991; Cassidy et al., 1999; Pierrehumbert, 2018; Guédeney et al., 2021.
9. Golse, 2015, 2020.
10. Lebovici et Weil–Halpern, 1989.

過去，或是以緊迫釘人和過於主動的態度來預測其需求。大人在行動上必須拿捏好分寸，才能確保依存紐帶的穩健性。以兒童精神病學家唐諾．溫尼考特（Donald Woods Winnicott）的話來說，就是要達到「恰如其分」的境界。換句話說，為人父母的藝術不只在於滿足孩子的基本需求，還得逐漸將自己經年累積的生存技藝傳承下去：不多不少剛剛好。然而說起來容易做起來難，畢竟嬰兒的理解能力還侷限在二分法，不是有就是無，沒有中間地帶。

「恰如其分」的父母並非從不犯錯，而是不會將孩子當成可隨身攜帶的「所有物」，也不會將孩子視為能補償自身痛苦的寄託，更不會藉由照顧孩子來滿足自己，亦不會光以自身角度思考而不給孩子學習獨立的空間，當然也不會隨意給孩子設限。而是能以真心的關懷陪伴孩子成長，培養其自主性，讓他們能知道自己想要什麼、梳理自己的感受、解讀自己的情緒，進而將種種生活體驗融入其內心世界中，建構出更健全的人格，就是「恰如其分」的父母。英國精神病學家約翰．鮑比（John Bowlby）將如此建立出的情感聯繫稱為「依存紐帶」（liens d'attachement）[11]。根據他在二戰後對孤兒院兒童發展的研究，他認為兒童發展出依存系統的目的，是為了確保自身的安全。隨後，其他相關研究[12]亦支持依存紐帶對孩子發展及探索外界能力的重要性：穩固的安全堡壘能帶來探索未知事物的勇氣，進而逐漸學會獨立；反之，若缺乏基本的安全感，則難以邁向自立。後續研究更進一步強調，環境（如手足、家庭、托兒所、學校等）在依存紐帶建立過程中的重要性[13]，而神經科學的最新進展亦揭示，正面刺激對嬰兒大腦的影響。許多研究也證實，在充滿關懷與愛護的環境中成長，能讓嬰兒發育得更好。

11. 1969, 1973.
12. Ainsworth, Blehar et al., 1978.
13. Guédeney et al., 2021; Cyrulnik, 2014; Pierrehumbert, 2003; Howes, 1999; Byng–Hall, 1991.

人終其一生都在不斷地建構依存紐帶，但孩子能否培養出自信、信任他人及探索世界的勇氣，很大程度取決於早期依存紐帶的品質。一個體驗過信賴的威力、相信大人能依靠的孩子，在面對生活種種考驗時會更堅強。相比之下，缺乏適當關懷的孩子較容易看輕自己的能力與價值、情緒上也更為不穩定。孩子早在學會說話之前，便已透過自身的情感體驗去學習，並暗中整合這些經歷。父母面對苦惱的孩子時，為他提供安全的依存絕對比嘴上說「我愛你」重要。愛自己的孩子固然天經地義，但問題在於這份愛是為誰而存在？該如何去愛？又為何去愛？若父母的愛只因孩子本身的價值，那麼孩子就會害怕自己在面對嚴苛的考驗時失去父母的協助，因為一旦他表現不如預期，父母可能就會卸下「愛的面具」，突然翻臉。這種現象，常見於那些自哺乳期起就承受過度腦力刺激，或是在音樂、體育、表演等競賽中因好勝而過度訓練的孩子身上。

提供孩子安全依存並非要讓他完全依賴自己，而是要讓他以此為基礎，勇敢地一步步探索外面的世界。而不安全的依存會阻礙孩子的自主發展，進而使他無法獨立。孩子常會因不想讓依存對象離開而出現種種症狀，但大人不適時放手的話，會讓這段依存關係阻礙他適應生活的各種狀況，尤其是面對艱難和痛苦的事件。

愛固然重要，但光有愛是不夠的。很多大人以愛為名，讓孩子受到不當照顧，甚至虐待。讓依存紐帶健全發展的關鍵並不是愛，而是得在適應孩子需求的同時，陪伴他走向獨立自主，使其不用擔心在成長的路上被遺棄。

當孩子面對艱難的生活考驗，若有安全、庇護性高的依存紐帶支持，即使沒有充足資源，他仍能從容應對。當孩子能信任大人並依靠大人，會比較容易安慰。相比之下，同樣的安慰方式很難套用在無法建立安全依存紐帶的孩子身上，因為他沒有經歷過安心、支持和鼓勵的經驗。若他從未遇見過可靠、值得信賴的人，使得自己都不相信自己，那又怎麼能信賴別人？於是，任何安慰對他而言都不管用，也毫無意義。這樣的孩子，原本只是自卑，卻因為情感的缺陷遭受更多白眼，甚至虐待，最終只能不斷與他人斷絕往來，進而越來越覺得自己不值得被尊重、被善待。隨著年歲增長，還可能會發展出某些性格障礙，尤其是怕被遺棄的焦慮，因為他完全輕視自己、深信自己不配被愛。有些孩子甚至會發展出危險行為（像是成癮、危險舉止、離家出走、賣淫或自殺意圖等），有的則在友情和愛情中不斷重演童年經歷過的失敗。有些孩子為了不再感受那份痛苦，甚至不願再活下去，最終只能選擇結束自己的生命。

常年缺乏安全感的他們即使長大後也很難放過自己，只能持續受到不當對待、詆毀、騷擾，甚至更嚴重的暴力，彷彿依然是當年那個毫無安全感、缺乏愛、傷痕累累卻被無視的孩子。他們經常需要花費漫長的時間，才能安慰那個在童年不被善待，因被遺棄而沉浸於悲傷的自己，也就是專家常說的「內在嬰兒[14]」（bébé intérieur）。這是相當重要的一步。若不能充分紓解這份深植於心的痛苦，便可能不由自主地因為自己與內心那個受苦的孩子，而忽略照顧眼前的孩子。換句話說，不是陷入忙著安慰自己卻安慰不了孩子，就是因為太想安慰孩子只好無視並否認自己的痛苦。然而，由於內心太渴望安慰，最終仍然幫不了孩子。

心理治療可幫助當事人剖析自己的過去，進而紓解因之帶來的創傷，這種非強制且無必然性的治療，已協助許多在童年前期缺乏安全感的成人回歸正常生活。某些極罕見的個案，甚至會讓當事人與父母當面討論，以了解當年那些事的情境。極少數認清自己態度很傷人的父母，還會向孩子致歉，允許孩子暢談自身的感受。未受過「恰如其分」的關懷、無法建立安全依存紐帶的孩子，成長過程通常都很孤獨，只能依靠自己，不再指望外人幫忙。

14. Smith, 2018.

無人安慰的人生

安慰是種重塑人性的心理過程，旨在支持孩子從絕望的痛苦中逃離。正是因為有人能安慰自己，孩子才能重獲能量繼續堅持下去，進而克服其創傷。

沒人安慰的孩子就只能獨自面對痛苦，更覺自己無用、輕賤、軟弱、被全世界拋棄。在這些日益滲進骨頭裡的負面信念影響下，日常生活會越來越艱難。然而，有這種問題的孩子不少，尤其是受虐個案。

莎拉現年五十歲。她小時候因母親生病，而被託付給一對夫婦照顧。教區向她父母推薦這對夫婦時，曾提及男方有戀童癖前科，但聲稱「已用多年牢獄生涯贖了罪」。在這對夫婦的刻意安排下，女方不僅成為她弟弟的教母，兩家人也會定期相約渡假。在某次渡假期間，莎拉的父親驚見男方性侵自己女兒，但他卻關上房門，將無助的女兒留給禽獸。四十年後，莎拉在一次與父母激烈的爭執中，問父親那晚為何不幫她，父親只是回答：「我不是蠻橫的人。」既無懺悔也沒找藉口。

儘管父母都是醫師，莎拉卻在童年時期出現了數不盡的身心疾病。在多名專家的持續努力下，她終於在十七歲時向父母吐露了自己多年來被性侵的經歷。因為父親在無意間撞見過一次，所以很快就了解情況。然而，父母以莎拉無意願為由，不但沒有控告這對戀童癖夫婦（女方負責鎖定適合下手的目標，然後將獵物「交給」自己的丈夫，莎拉並非唯一的受害者），還繼續與他們往來。而母親竟告訴莎拉：「你不懂怎麼才能受歡迎。如果要在我朋友（戀童癖夫婦中的女方）和你之間選，我絕對選擇我朋友。」莎拉就在這種孤立無援的處境中艱難成長，直到發現自己漸漸將當年受到的不當對待複製到歷任男友身上。這時莎拉該怎麼安慰自己呢？她唯一的精神寄託就是自己。她的父母在精神上拋棄了自己（只為了向外界展示傑出父母的形象），而手足給她冠了一堆難聽罪名後也斷絕往來，她無法從家庭身上得到任何能面對社會的「適應資源」。莎拉就像許多亂倫或性暴力的受害者一樣被逐出家族。作為家庭功能失調的鐵證，她除了消失以外，就只能不斷以自己的「瘋癲」向外界證明她被排除在家族之外。她有很長一段時間都無法跳脫這種惡性循環，只能折磨自己、為自己的不幸負責（正如她的父母與其中一任前夫不斷向她灌輸的觀念），因為無法反抗或反駁旁人加諸在自己身上的這些言論，只得認定一切皆是自己的錯，所以她得要對自己身上的一切負責。

得不到安慰的孩子，不是活在地獄就是發瘋，他們很多就這樣迷失在這種看不到盡頭的痛苦之中。

若孩子的情感世界一片荒蕪，就不得不在無大人協助下獨自應對他所經歷的考驗。雖然這些人際失敗和情感上的被遺棄必會深深烙印在其生命，但他們並非沒有機會擺脫痛苦。

雷內·斯皮茨（René Spitz）、安娜·弗洛伊德（Anna Freud）、博靈漢（Dorothy Burlingham）在戰後針對戰火下慘遭遺棄的兒童調查後發現，年幼的孩童儘管身體無恙，也可能會選擇放棄求生。若世上已無與他們有情感聯繫及一同吃喝玩樂的人，對他們而言生活便毫無意義。

但依然有些兒童在共患難的大哥哥、大姊姊勉力扶持下，得以從戰亂或天災中倖存。然而為了生存，他們付出了相當大的心理成本，甚至承受過無形的嚴重心理傷害，所以常會出現人格分裂現象：正常人格用來應對社會期望，多出來的人格則用來應對災難、羞愧、內疚與被遺棄的痛。此種自我保護機制創造出的人格分裂常會讓孩子發展出一種過度順從的個性「虛假自我」[15]，就是

15. 「虛假自我」是心理防衛相關術語，泛指因困境和考驗發展出的過度配合或超順從行為。當孩子處於「虛假自我」狀態，即使內心承受劇烈痛苦，仍會給人一種一切正常、完全無事的假象。

青少年常說的「矯情」。這種「面具」一開始是孩子在面對社會要求時，一邊承受內心痛苦，一邊為了生存而戴上的道具。但日子一長，時時相伴在身旁的道具會逐漸被馴服成一種奇怪的室友。有的孩子最終能掙脫苦難經歷的束縛，不再需要仰賴「創傷後分裂人格」度日。就像心靈上的蛻變，讓他可以盡情做自己，不用扮演某個角色，無須再為了生存而欺騙。要做到這點，他必須設法從痛苦經歷的負面情緒解放，像是羞恥、恐懼、內疚等[16]。雖然痛苦可能還沒結束，但他自此能將痛苦轉化為力量。

「韌性」（résilience）一詞常用來代稱克服生活挑戰的能力，但其最初意義已因今日的過度濫用而漸漸被人遺忘。遇到傳染病大流行要有韌性，衍生出的軍事行動也要有韌性（其行動代號正是「韌性」，任務包含動員軍事野戰醫院來彌補醫院床位不足），現在居然連被全球暖化影響的南極洲也要講「韌性」，讓人們對該詞彙產生各種奇怪的誤解。然而「韌性」不是與生俱來的能力，也不等於遺忘，更不是一種說出口就能讓所有困難奇蹟般消失的咒語，而是每個人都得自己蹣跚前進的心理過程：只有面對困難、克服困難，且（這個「且」至關重要）從磨難中吸取教訓，之後遇到新的挑戰就不會被一擊即潰。

最新的神經科學研究指出，兒童大腦發育深受其成長環境影響。當長期受虐或被嚴重忽視，其壓力會讓荷爾蒙分泌失調，導致大腦發育受干擾。此論點雖有醫學數據支持，但也有專業人士在協助受過生活創傷的兒童（或有童年創傷的成年人）後表示，並非所有人都會有此症狀。雖說童年經歷的極端情況會產生極大壓力，進而可能導致神經生物學方面的嚴重影響，甚至基因突變[17]，

16. Ciccone et Ferrant, 2008.

17. 根據日內瓦大學的馬拉福斯（Malafosse）教授於二〇一二年針對受虐兒的一項研究，這種暴力引起的壓力可能會導致糖皮質激素（NR3C1）受體基因（作用於壓力調節相關的下視丘、腦下垂體與腎上腺軸）的表觀遺傳改變，這種影響對幼兒尤為顯著。由於壓力調節機制受影響，某些成年期障礙（如憂鬱、成癮行為等）可能與之相關。至於孩子長期處於暴力環境是否會影響大腦中負責壓力和情緒管理的區域，則仍有待後續研究證實。

但這不代表所有心靈受創的兒童都會有難以治癒的後遺症。很多遭受生活重擊的兒童即使沒有得到撫慰，也能自尋出路、自力更生，成功經營自己的成人生活，以一己之力對抗命運，讓自己一次又一次地站起來，不被命運擊潰。這些孩子有比其他孩子強嗎？他們內心無疑有種強悍的生命力，幫助自己不再沉淪，為了不被擊倒而變強，最後成功發揮內在力量，克服無數困難，獨自對抗全世界。這些被生活捅了好幾刀的孩子僅憑意志力，在無人安慰的處境下成功戰勝命運，某些童年遭禍的倖存者就是如此。

然而，若無法做到上述那樣，那些雖無人安慰但努力維持社交能力的孩子便會有揮之不去的恐懼感，某些人甚至時時擔心被迫害。由於他們的個性是建立在這種無效防禦之上，故只能反覆地在「努力尋求認同」與「對大人世界失去信心」間徘徊。有些心理受創的孩子還會發展出自我迫害的理論，堅信自己才是該為痛苦負責的人，用一種不幸取代另一種不幸，陷入難以忍受的惡性循環。有些則因腦子被自己的負面形象佔據，在不知不覺間蠻橫地封死通往幸福的路，只能走入失敗的死胡同，成為人生的囚徒。而另一些人則一次又一次地成為有心者的獵物，因為那些惡人深知如何識別他們，也能輕易地控制他們。在心魔縈繞下，引發諸多相關疾病，甚至有了毀滅的念頭（如自殺、謀殺）後，而真正付諸實行的也不少見。當痛苦、無助的孩子得一直獨自面對自己的情緒，亦無大人的情感撫慰時，就有可能將自己經歷的內在暴力用在自己或他人身上。縈繞心頭的困擾與不幸的枷鎖都是兒時受創時，需要安慰卻被遺棄的證明，也是阻止當事人思考那些往事並梳理其前因後果的障礙。

雖然心理受創的人一樣知道如何不被逆境擊沉，但在協助他們時多少能感受到，每個人內心深處都嵌著一些可能連自己都不知道的生命碎片。精神受創或面臨生活考驗的兒童會一時捆住自己的心，但那心結並非一輩子解不開。有些人會拚命地堅持，直到成功將自己從痛苦中解放出來，進而戰勝恐懼，賦予自己生命的意義。雖然人生不會就此無災無難，過去的痛苦和不幸也不會因此消失，但已成功超越以往不幸的他們，自此能靠日常遇到的小確幸支撐下去。

CHAPTER 3

為何解讀孩子的安慰需求如此困難？

安慰對陷入困境的人來說是救命稻草，所以別當它是小事，它可是孩子難以面對現實時，最能支撐他們的基本手段。然而困難之處在於，孩子通常不會主動尋求安慰。前面那幾個案例中的孩子可都沒跟大人說「我需要安慰」或「安慰我！」。雖然安慰對他們來說如同挽救沉淪的救命繩索，但他們不會主動索求。既然這是如此迫切的需求，周圍大人不僅要意識到其重要性，還必須接受孩子承受痛苦的事實。由於大多數兒童與青少年在遭遇重大創傷時不會主動反應，所以大人得設法判斷孩子需要安慰的時機，也就是解讀他們對安慰的需求。

孩子痛苦時，往往不會直接說出口

剛出生的嬰兒不會說話，因此只能透過「咿咿呀呀」等旁人聽不懂的聲音來表達不滿。然而，孩子長大學會說話後，照理說痛苦時應該能說幾句話抱怨一下，讓大人知道並給予安慰。不過現實沒有那麼美好，就我的觀察，真正痛苦的孩子往往選擇沉默，這其中的原因很多：羞恥、內疚、怕被報復、害怕回想起來、想保護親友、害怕讓大人失望，甚至對大人沒信心等。然而，最關鍵的問題在於，向大人求助還得設法用語言描述自己的痛苦，但那些難以言喻的經歷究竟要從何說起？又要怎樣讓大人理解那些連自己都無法明確表達出來的事？更令人不解的是，許多大人卻依然被動地等著兒童或青少年主動訴苦、尋求幫助與安慰。這相當於把被拯救的責任推給孩子，完全不可取。

令人驚訝的是，許多針對兒童設置的防治計畫，例如騷擾、性暴力、家暴、虐待、敲詐勒索、危險遊戲、毒品、酒精、憂鬱、自殺等，都假設孩子在這情況下還能好好表達，然後開設了一堆給孩子撥打的免付費專線，某些專線的開放時段甚至是一般學生的上學時間，這是要他們怎麼撥打呢？現在怎麼還有人認為痛苦的孩子會主動求援呢？即使這些孩子能像前面說的那樣，不擔心丟臉、內疚、恐懼和預期後果，也需要具備一定的語言能力，而幼兒和罹患某些殘疾的兒童不太可能做到這一點。此外，孩子要能主動求助，還必須對大人有最基本的信任。但實際情況是這些孩子通常處於大人不知情，且無法提供保護的情境之中。更令人擔憂的是，當孩子自己都無法理解那些令他們不知所措的經歷是什麼，又怎麼可能準確地表達或形容清楚那些遭遇呢？然而，大多數的防治運動卻仍相信孩子會在「自我保護機制」下主動發聲求助。事實上，原本應由大人及時察覺孩子的處境，進而介入、試著理解，尋求改善現狀的方法，如今孩子卻只能獨自保護自己、安慰自己。

若大人不願解讀孩子內心的痛苦並主動走向他們，僅僅等待「孩子自己開口」，那麼心理受創的孩子在孤立無援下，有時只能選擇自殺來結束痛苦。

心理創傷是無形的，每個孩子的反應也不同

心理創傷是「無形」的，所以處理起來較為棘手。摔斷腿的人會打石膏，

剛出過意外的人身上往往會有傷痕，但心理傷害是看不見的，只能靠細心觀察才能發現。這無疑也為大人處理孩子心理創傷增添難度，畢竟孩子什麼不說，表面上沒什麼明顯變化，要發現不對勁都很困難了，更何況是安慰。

從心理學來看，兒童的心理創傷並不一定會持續很久，也不一定會發展成失眠、焦慮、飲食失調等各種有礙發育的疾病。然而，當受創過於嚴重，則可能「摧毀」其心理發展[18]。用「摧毀」形容看似措詞過重，但卻最能精準描述精神痛苦對兒童生活的衝擊。這種創傷就如同一枚未爆彈，不知何時會將生活炸成廢墟，即使是多年後才引爆，威力依舊猛烈。

在兒童的心理世界，凡是與死亡相關的事物往往都極具恐怖感，而事件發生後「可能」導致的心理傷害，就是所謂的「創傷」（trauma）。由創傷衍生出

18. Ferenczi, 1932, 1934.

的各種身心健康問題，則是「創傷後障礙」（troubles post-traumatiques）。之所以強調「可能」，是因為並非所有經歷創傷事件的人都會發展出創傷後障礙，即使出現症狀也並非無法擺脫。心理學對創傷事件的定義，沿用了精神分析學家弗朗索瓦．萊比戈（François Lebigot）形容的「生死交關」[19]（le réel de la mort）事件，就是「直接面對死亡」的情況：目睹某人死亡、瀕臨死亡，或是「自以為」差點死掉都算，即使對旁人而言並非如此。當事人（不論是兒童還是大人）所體驗的現實，並不一定是客觀上所認定的「真相」。舉個例子，某位家長致電SAMU[20]時說孩子頭部受傷、流了很多血，似乎「頭裂開了」。雖然該名家長當時認為孩子快死了，但據後來趕到現場的急救人員表示，那「只是」皮肉傷，縫幾針就好，不會有生命危險。這個例子中，家長自認經歷了孩子的生死交關，雖然從醫學角度看來沒那麼誇張。

明明經歷的是同一事件，某些人會留下創傷，但也有人不會。這是因為每個人的「生死交關」經歷都不同，就算情節相似也多少有些微差異，而且還得考慮事件本身與相關流言對當事人的心理破壞程度，特別是最容易讓受害者身心受創的性侵案件。恐懼是壓力引起的生理反應，而焦慮則可以被視為對恐懼的心理感知。雖然恐懼無形無狀，但當莫名的焦慮由然而起，使得時間彷彿就此凍結、令人感覺不到其流逝，便代表恐懼已經出現。每個人、每個孩子在面對同一創傷事件的反應不盡相同，能夠應對的方式也各異，對安慰的需求當然也不同。

最常見的例子就是家族喪親，家庭各成員的適應節奏、反應方式各異，但不代表有些人更傷心、有些人則更冷漠，畢竟各人悲傷與精神痛苦程度不同，與逝者的感情也不同，還夾雜其他有的沒的因素（逝者得年、死因、生前資

19. 2005.
20. 譯註：法國緊急醫療專線。

源、收到死訊的情境等）。

在此以自殺者西蒙的遺孤反應為例說明。某個週日午後，西蒙將妻兒留在公寓，自己則從臥室窗戶跳了下去。貝內迪特（十六歲）、加賓（十三歲）、阿斯特里德（十歲）、諾亞（五歲）聽到母親的尖叫後來到陽台朝樓下望去，映入眼簾的卻是父親墜樓的慘狀。在那之後的幾分鐘，諾亞回到自己房間玩，加賓和阿斯特里德則縮在母親懷裡哭泣、彼此安慰，沒流一滴淚的貝內迪特為前來處理的大人們開門。她後來回憶道：「當時大家都在哭，包括媽媽，所以我無論如何都得撐住，雖然事後回想起來，還是會害怕。奇怪的是，之後幾年我其實很想好好哭一場，但眼淚卻流不出來，直到十年後兒子出生那一刻。我其實一直沒有從這件事中走出來，但卻沒人來安慰我，因為大家都把焦點放在我剛出生的孩子身上。每個人都跟我說，我父親已經『過世很久了』，我不該為此而哭，不然寶寶會『嚇到』等等，這些話反而讓我更內疚。」

要照顧到所有需要安慰的人，就一定要了解這四個孩子年齡各異，與父親的感情深淺也不同。雖然他們心理都受到創傷，但傷痛程度各有差異，隨著時間推移，遺留下的痛楚也各不相同。比方說，看似「完全沒事」並照樣玩耍的諾亞，或是當年沒掉一滴眼淚、被迫馬上長大並強撐著照顧手足與母親的貝內迪特。此時，他們的母親卻仍沉浸在傷痛中走不出來，也無力安慰孩子們。

西蒙過世十年後，在對其遺孤的追蹤研究[21]中，每個人都吐露了自己的創傷與面對周遭反應時的感受。貝內迪特表示：「旁人大都只關心一天到晚哭泣的媽媽與加賓、阿斯特里德，然後不斷要我堅強，代替爸爸照顧媽媽。至於諾亞，還是像以前那般搞笑，他其實也很痛苦，但無人理解他的痛。」諾亞坦

21. OCIRP, 2017. https://ocirp.fr/liste-des-dossiers/enquete-ecole-et-orphelins-les-resultats.

言：「為了不讓媽媽操心，我只能偷偷地哭，假裝不被悲傷氣氛感染……只有貝內迪特將我抱在懷裡安慰，與我分享這種非自願特立獨行的悲傷。這就像一列火車，上了車離開的人因為悲傷而凝聚，而我和貝內迪特都留在這個幽靈月台上，等著那列永遠不會再回來的火車。」

五人在父親過世後十年都異口同聲表示，一家人因這起悲劇「被一種無形的力量」緊密地團結一起。但花點時間聽他們傾訴後，我們將焦點放在他們之間的關係轉變，這是家庭在喪親後常因各人表達哀悼的方式不同而出現的情況。原本和樂的手足因父親驟逝而關係劇變，他們的母親如此描述：「以前是較大的兩個一國、較小的兩個另一國，或是女孩、男孩各一國。現在則是貝內迪特和諾亞比較親，阿斯特里德和加賓抱成團，無論遇到什麼事都是如此。」

心理創傷是無形的，很多孩子也不善表達自己心中的痛，因此安慰孩子是相當微妙的工作，得針對安慰對象調整自己的反應與措詞。畢竟說出來的話要是聽的人能懂才有意義，但同樣的話不一定能讓每個人都懂。每個人悲傷的原因都不同，當然原因沒有對錯之分，重要的是如何解讀孩子的悲傷。有些孩子會明顯出現一種或多種反應，但也有某些人因為表達方式不同，以至於被安慰網路漏接，尤其是幼兒。

察覺孩子需要安慰時的種種症狀

察覺孩子心裡難受需要安慰並非易事，部分原因是大人期待孩子主動開口，甚至以為孩子會沿用大人的表達方式求援。然而對大多數兒童來說，當煩惱無法透過語言表達，就會透過症狀或多種疾病表現出來。

孩子極度崩潰時有可能會進入「行屍走肉」狀態，就像車子的自駕系統那樣繼續做自己的事，「當作什麼都沒發生」，以逃避當前那個讓他崩潰的情境。在旁人眼中看來，他們的行動猶如「身處其中但魂不守舍，彷彿置身於電影或惡夢中」，這種狀態是所謂的「創傷周解離」（dissociation péritraumatique）。若任由孩子停留在此狀態，一旦有突發事件，可能會因為無法及時保護自己而身處險境。然而大眾對此反應的機制了解甚少，導致許多大人會完全忽視此舉動，不知孩子此時需要安慰，故對其精神層面也一樣危險[22]。

十歲的夏洛特和八歲妹妹發現母親一動也不動地倒在廚房地板上，於是撥打緊急醫療救援專線。急救人員趕來時，兩個小女孩幫忙開了門，然後就回到自己房間玩平板。當父親接到通知趕回來時，她們依然乖乖地在床上玩。醫師寬慰了父親幾句：「別擔心，她們還小不懂事，看她們不哭不鬧照玩就是最好的證據。」

五歲的西蒙發現魚缸裡的金魚不動了，他沮喪地呆在魚缸前。母親走進房間，不明白他為何發呆，只顧著跟他說動作快點，因為上學要遲到了。還在發呆的他只能像個木偶般任由媽媽幫他著裝。

九歲的內森與父母同車，結果出了意外，車子掉進坑裡。急救人員抵達後，先救出仍有意識，但傷勢嚴重的父母與弟弟。然而，原本坐在父母身邊、事發時幾乎未受傷的內森此時卻不見蹤影。幾個小時候後，急救人員才在距離事故地點約一公里處找到他。此時的內森雙眼呆滯，說不出發生了什麼事，甚至連自己是誰也無法交代。身上有多處玻璃碎片割傷、渾身是血的他，彷彿完全感受不到疼痛，如同被麻醉了一般。經急救人員檢查後證實，內森在事故後拚命奔逃，直到汗流浹背、精疲力竭才停下。

若試著觀察一些案例，可發現孩子的情感反應大致可分成兩種：張揚一點的會吵鬧，就像向外求援般；沉著一點的會很平靜，沒什麼明顯反應，甚至完

22. Romano, 2015b.

全不引人注意。不過要特別留意的是，這兩種截然不同的反應可以同時或相繼出現在孩子身上。

外顯症狀：有煩惱、心裡感到痛苦的孩子通常會以突然的舉止改變來引起大人注意。除了哭以外，也常會出現尖叫、打人（或打自己）、危險舉止、故意唱反調等行為，甚至連睡眠、飲食、談話內容等日常行為也會跟著改變。有些看似無恙的孩童還會自己編出奇怪的「創傷遊戲」[23]來一再重演經歷過的事，卻始終無法擺脫其創傷。而大人看到孩子玩這種「假裝遊戲」就會放心並說服自己「孩子沒事，他還拿這個當遊戲」。事實上孩子沒事才怪，他只能強迫自己在同樣場景中一遍又一遍回憶該創傷事件與當時的想法。曾經有個特別的案例，那孩子也不是沒有與親友死別的經歷，但他在父親驟逝後卻以一種特別刺心的方式來展示此事對他的影響，就是不斷模仿當時父親心臟驟停的情景。孩子亦可能出現身心障礙，有時症狀還相當嚴重，其根源主要與他的心理狀態有關。然而，無力了解其根源的大人看到孩子這些異常反應時，也只能給他們貼上「霸道」、「異想天開」、「脾氣差」等負面標籤。

內隱障礙：孩子沒大聲表達痛苦，不代表他們沒有受影響。嬰幼兒若出現嗜睡（一直睡）、不想睡或不斷驚醒、沒胃口，甚至完全拒食、不願再與大人互動、不再玩鬧等生理症狀時就要注意，這些都是發展退化的徵兆。但由於寶寶尚無法以言語表達不滿，故很難及時觀察到，其沉默的反應甚至會讓周圍的人以為他沒事。在家有重症患者或面臨喪親之痛時，若孩子的反應「一切如常」，對自顧不暇的大人來說當然再好不過。生理障礙可能隨著年歲漸長而減弱，但孩子會以更「習慣」（與成年人相比）的方式展現自己的悲傷，雖然不至於像外顯症狀那樣張揚。孩子的表情會開始變化，彷彿戴著悲傷的面具，不一定會哭，但不會再笑，也不再享樂玩耍，有時彷彿著魔般長時間待在螢幕前

---

23. Romano, 2012.

（甚至成癮），讓自己逃離世界與正經歷的現實，也可能將心思全放在學業上，或是因注意力不集中而成績大幅滑落。身歷痛苦醫療過程等極艱難處境的孩子則可能會進入「超級順從」模式，或是乾脆製造出一種「虛假自我」（見第六〇頁），以便讓自己以一種超級逆來順受的方式度日。一旦察覺大人正煩著，為了扮演好乖巧聽話的孩子，不管面臨何種酷刑都不能做出相應的掙扎。還有一種內隱障礙是避免與他人接觸，進而孤立自己的逃避行為，像是刻意獨處、打電動好幾個小時甚至成癮、玩危險遊戲、使用有礙健康的東西，或是其他能逃避與不用面對痛苦的活動等。有些人則會開始傷害自己（自傷、自殘、企圖自殺等），最極端的就會選擇自我了斷以免繼續受苦[24]。

孩子的症狀不但反映其內心無以言喻的痛苦，也見證了他們體驗的現實。然而就如前面解釋，當事人體驗的現實不一定是司法調查、新聞報導、事實查核那樣的客觀真相。當孩子說害怕「某個很高大的人」，那個讓他心生恐懼的對象可能既不高也沒比他大，但孩子在親身感受到對方的可怕後，就會認為對方一定比自己「高大」。此外，每個孩子因痛苦衍生出的症狀也不同，病情還可能隨年齡而變。

每個孩子都是獨一無二的，適合的安慰方式也不太一樣，但找出他們的「淚之境」才是關鍵；大部分孩子並不會將痛苦表現出來，所以得對這些障礙有基本的認識，才能理解其苦惱。解讀孩子肯（或想要）告訴我們的感受需要時間，有時語言也並非是最適宜的溝通媒介。

活用遊戲、繪畫、模型等方式搭配適合的言詞，才是解讀孩子痛苦根源的關鍵。仔細觀察孩子眼神以及移動、擺動的方式也有助於進入其世界，並找出讓他離開「淚之境」的線索。

---

24. Alvin, 2011.

Consoler nos enfants

大人的安慰，未必能夠隨時待命

成年人就一定能安慰孩子嗎？這種想法其實對大人不公平。許多大人之所以無法安慰孩子，不是自己已經快被自身痛苦壓垮，就是在孩子需要自己時因故被迫缺席。比方說夫妻其中一位重病住院，生病的那位光是應付自己的恐懼或病痛就已經精疲力盡，沒有餘力安撫孩子，而健康的一方此時當然也會極度擔憂，無暇分身來撫慰孩子。雖然父母通常會盡力顧及孩子的感受，但當情況相當令人絕望時，他們的努力安慰可能也起不了效果。

馬里奧十六歲時聽父母說，他年僅四十五歲的教父經醫師診斷後，確定罹患肌萎縮側索硬化症（此為相當嚴重的退化性神經疾病，不治療的話頂多剩三年壽命）。現已成年的他回憶那天整個家庭的氛圍：「由於這種病無藥可治，診斷結果相當於提前宣告教父的死亡。我看得出來爸媽盡力了，但壞消息再怎麼美化也不會變好消息。我跟姐姐上網一查資料，就明白我們什麼也做不了。因此當爸媽說『一切都會好起來』時，我們知道這是他們為了讓我們放心而編的謊言。他們以為這樣能安慰我們，但事後回想起來，當時反而是我們安慰他們。我們假裝完全相信他們的話，也不斷重申愛他們、支持他們。當初他們應該用這種方法安慰我們的，只是他們做不到，這超出了他們能力範圍。」

有些孩子則是自幼成為孤兒或被父母遺棄，無法再指望父母安慰自己。也有些大人因為種種原因不願承擔這項困難的任務，可能是擔心自己嘴笨、多說多錯等。舉個例子，某位父親面對孩子高中會考不合格，不知該如何開口：「說『沒關係』會讓他以為我沒放在心上，說『太可惜了』又怕他會崩潰。」還有一種情境是，與久未聯絡的高中同學重新取得聯繫，卻得知對方剛喪妻，擔心自己說得太多讓對方更傷心，於是不知該如何接話。還有人則是不願讓孩子的痛苦觸及自己的傷疤：某位母親坦言「無法承受」在孩子「愛情受挫」時提供安慰，雖然她自覺孩子在出了「其他事」時，自己都能好好給予安慰，但愛情對她「就像一道無法跨越的深淵」，由於自己在「情路上跌跌撞撞」的經歷，只要一聽到孩子在情場失意，就會勾起以前那些不堪的分手經驗。她說：「為了保護我自己，我告訴孩子最好別找我談這個問題，然後他們就去找阿姨傾訴。」

有時當大人之間的恩怨不幸投射到孩子身上，父母可能會因為太想保護自己而遷怒於孩子。雙親離異的孩子就很常處於這種境地，例如，有些父母會要求孩子在兩者之間做選擇，讓孩子陷入兩難。當雙親都愛自己、能保障自己生活時，孩子該怎麼選擇才能兩全其美？而沒被選擇的一方，可能會將憤怒轉嫁到孩子身上，甚至在孩子痛苦時不聞不問。還有一種情況是，雙親離異時孩子尚小，但隨著年齡漸長孩子的外貌越來越像那位已經不同住的一方，同住的父母就很難不把自己對前配偶的憤怒、恐懼等情感投射到已長大的孩子身上。此外，煩惱的青少年總會想從父母那得到慰藉，但除非父母自己從事心理治療工作，能解讀孩子的情緒並做出反應，不然其安慰效果可能非常有限。

另一個看似遙遠的案例，但只要看看烏克蘭戰爭就知道，這種情況其實離我們並不遠，就是戰火下兒童的命運。在戰爭中兒童常不被當人看，然而摧毀自己國家的是成年人，為何要讓孩子擔這些責任？他們的處境無不彰顯戰爭的殘酷，而即便難民營中的大人已經竭力周全，卻難有餘力關心兒童內心的痛苦。以敘利亞難民營中的數百名兒童為例，其中一些已經返回法國，他們唯一的錯誤就是身為恐怖分子的後代。但不管是敘利亞還是法國都很少有兒童保護團體願意出面照顧他們，好似這些兒童（絕大多數為孤兒）無權得到照拂。

有時孩子也可能被父母當成自身痛苦的補償，就像避雷針或某種能讓自己宣洩痛苦的物體。

萊蒂亞就是典型的例子。她在童年時期受盡身為大學教授的母親虐待，有時甚至「打到流血」。她說道：「經過多年的思考後，我明白了兩件事。第一，我在家的排行跟母親當年一樣，都是老二，然後我外婆很討厭她。第二，我是在母親打算離開父親時恰好懷上的，所以她一直怨我。那時墮胎尚未合法化，她只能留下我，但她讓我付出了很大的代價。當她揍我時，只要下手再重些就能讓我死，但我認為她只是以看我受苦為樂，彷彿受苦的是小時候的她。」

安慰孩子絕非易事，原因很多。其中當孩子身心受苦，代表我們無法保護他們免受痛苦的考驗，這個事實可能會讓我們感到內疚、無助，甚至恐懼，尤其當孩子重病或喪親。而與孩子的互動會不斷地喚起相關的兒時回憶，進而讓我們想起當年大人是怎麼對待、安慰那個曾為孩子的自己。

要安慰孩子，首先需要解讀他們對安慰的需求，並以適合他們的方式進行回應，但最重要的是自己要有餘力應付。若孩子在自己難受的同時，還從周遭環境中嗅到痛苦的氛圍，那麼安慰起來往往會變得非常困難。

瑪麗安自認很不會應付哭泣的孩子，但她七個月大的寶寶卻「老是」在哭，令她覺得自己沒「能力」成為「好母親」。她當然知道寶寶會哭不外乎是累了、餓了，或是該換尿布了，但還是安撫不了寶寶，她的痛苦因此加劇。

為了安慰孩子，大人自己得先是個讓人感到安心的人。換句話說，要讓人感到安心，自己得先成為一個令人安心的存在。然而親近的人突然「不再讓人感到安心」可能很快就會轉變成「令人擔憂」，聽聽以下幾個與家人經歷創傷事件的孩子所說的話就能明白了。

二〇一五年十一月的巴黎恐怖襲擊事件發生時，年僅十二歲的梅利斯和父母坐在露台，一名恐怖分子衝進來殺害數十人，幸好在場的父母、朋友、妹妹都奇蹟般地活了下來。成年後，她回憶起當時的混亂：「一切都來得太突然了！槍擊結束後，我發現有具不會動的『屍體』趴在我身上，那具『屍體』其實是我的父親，他衝過來用身體保護我和妹妹，好在他雖重傷但一息尚存。當時我覺得自己被一群活死人圍住，除了耳邊傳來的哭喊、尖叫、呻吟，空氣中還瀰漫著一種怪味。成功脫身後，我有種身處恐怖片現場的錯覺。至今仍無法告訴你，傷我最深的是槍擊事件本身，還是被瞬間摧毀的青少年生活，夢想與幻想變成泡沫這件事？我的童年在那天晚上就結束了。那次槍擊事件讓我一夜長大並接觸了死亡。我知道自己已經夠幸運了，至少全家都逃過一劫，但那天有些無形的東西已經逝去，不會再回到從前。」

保羅五歲那年，他的家因瓦斯爆炸而倒塌。那次意外雖無人罹難，但波及不少人，包括當時住一樓的他與母親。爆炸發生後，母親試圖開門逃離，儘管房子已經化為一堆瓦礫，但她仍抓著門把不放，一副被恐懼擊垮、理性全失的模樣，這其實很常發生在遭遇創傷事件的人身上。此時，年僅五歲的保羅自行從客廳的凸窗爬出，並成功引來消防員前來救援。這段往事對他們母子關係造成了深遠的影響，因為母親當時的狀態彷彿「人在，卻像不在一樣」，這讓保羅印象深刻。她不理會他的叫喚，也不看他，只會死死抓著門把不放。如今已是青少年的他回憶起當時的場景：「我覺得自己好像消失了，而她也是……那個一直打不開門，卻徒勞尖叫的人，彷彿不是我的母親，而是一股怒氣。我被她那副模樣嚇壞了，她的尖叫聲一直在我耳邊迴盪。母親在那瞬間似乎變成一個不再像我母親的不明生物。」這對母子花了近十年的時間，才終於坦誠的表達彼此當時的感受，並共同解讀這段經歷，賦予其意義，讓母親重拾安慰兒子的能力。

CHAPTER 4

為何現在的孩子更難安慰？

安慰是學習生活中的必要機制，既然是跟生活有關，就不能忽視當前環境的影響，必須全方位審視。

迷失方向的大人

生存向來不是件容易的事，這似乎是被遺忘了幾十年的真理，但如今卻成為一種前所未有的困境。在這個連大人都迷失方向的世界裡，讓孩子成長的確令人不安。

人生不同階段的界線，在二十五年前還算分明。大多數人的生活都遵循著一定的進程，日常生活的變化對應著各個階段的銜接，童年、求學期、職業培訓期、役期、成年、婚姻或同居、宗教節日、育兒期、職業生涯（往往是在同一職業或職位上持續多年）、退休等。在這些階段，人們也需應付某些社會壓力，像是年過二十五仍小姑獨處的女性會被貼上「凱瑟琳內特[25]」（catherinette）

等負面標籤。在那個講究體面的社會裡，「成功人生」的標準是有另一半、有工作和有小孩，但這並不意謂著幸福。儘管如此，人們似乎也只能年復一年地遵循這種代代相傳的模式。不過與二十五年前相比，現在這些界線已逐漸被各種新型生活模式擾亂，家庭、工作，甚至生活等固有觀念也被動搖。

以上的反思絕非離題，因為大人在安慰孩子之前，首先需要自己平靜下來，然而當前許多大人連這點都做不到。如果成年人連自己生活的狀態，甚至自我認同都搞不清楚，那麼自然會覺得孩子的存在擾亂了自己的生活。有的大人甚至還會與孩子較勁，因為他們不能接受「自己正在變老，而小孩正在長大」。有些則會給孩子貼上「搗蛋鬼」、「無法無天」等污名化的負面標籤，強

25. 編註：類似「剩女」一詞的指涉。十一月二十五日為法國的「聖凱瑟琳節」（Sainte-Catherine），原為宗教性質的節日，後來演變為「年滿二十五歲，未婚女性」的派對舉辦日。

調孩子是如何打亂他們的生活。無論生活在哪個時代，人們都會因為當前獨特的社會文化背景，描繪出自己對世界的認識，特別是在童年時期。然而，近年的社會變遷讓人難以保持「平靜」，無論是對大人還是小孩而言。有無數的人反映，無論是在家庭還是社會中，越來越多的父母都陷入迷惘。在這個快速變遷的時代，也越來越多人懷疑自己在職場的價值。儘管時間既無法改變也不能縮短，我們卻比以往更強烈地感受到時間流逝的速度。這種「時光飛逝」的感覺對社會並非毫無影響，因為時間不等人，既然感受到它加快流逝，我們就更難以浪費每一秒。而及時行樂就成了追求眼前利益的首選，使人們無暇思考時間的流逝及人際關係。

太快「長大」的孩子

生活的壓力不僅顛覆了我們對時間的感知，也改變了世代之間的關係。由於人們對年齡的看法改變了，間接導致成年人之間的關係也發生了很大的變化。但相當弔詭的是，社會雖比以前更加重視孩子與童年生活，但對人生這段時期的無力感與困惑卻比過去更為明顯。結果就是平時忙碌、陪伴孩子時間已經不多的父母，為了讓孩子不要輸在起跑點，常常在孩子出生沒幾個月便給予過多的刺激，就為了早早培養他們的獨立性與自主性。這樣一來，童年的定義被進一步窄化，而被截掉的時間就是所謂的「前青少年期」（préadolescence）。這個詞乍看之下似乎僅指青春期前的幾個月，但實際上，它指的是第一次性慾激增和第一根陰毛出現之前的幾年。過去，大部分健身房、夏令營和休閒中心會將顧客依照年齡劃分為兒童和成人，如今某些國家則是將七歲以上的非成年人歸為前青少年。以往有精神分析學家將這個介於嬰幼兒與青少年之間的時期稱為「潛伏階段」（période de latence）。此舉相當於將該時期強行從童年分出去，劃入青少年那邊，卻無視其離青春期尚久的事實。

孩子出生後的前幾年變化相當顯著，相關理論也很多，尤其在性心理發展方面。隨著年齡的增長，孩子的心理情感發展會進入一個相對平穩的階段。在此期間，已經理解性別差異的孩子逐漸脫離戀母情節，並將注意力移轉向其他事物。簡單地說，孩子開始從那個相信自己無所不能（包括跟父母結婚）的理想世界脫離，步入另一個充滿禁止、挫折及放棄等規則的現實世界：一個由不得他們任性，並且不能僅憑衝動與本能行動的世界。

兒童與成人之間的關係，往往在這個階段開始發生變化。然而，社會卻缺乏耐性，未等孩子的心理與情感發展成熟，就將他們硬生生塞到「前青少年期」這個黑暗地帶。這種做法不僅變相縮短了孩子基本發展的時程，也強行改變了大人與孩子之間的演變歷程。童年到青春期之間的緩衝地帶消失了，兒童在變成青少年之前，失去了保有童心的餘裕。因此，痛苦的親子關係也隨之產生，因為父母往往難以掌握適當的界線，在放任與嚴管、寵愛與拒絕、控制與無視之間不斷搖擺。被貼上「前青少年」標籤的孩子，突然間從孩童變成「小型成人」，使得父母在他們面前再也找不回自己的定位。一場世代革命正悄然上演，由於大人不再知曉如何自處，抓不牢親子關係的框架，讓孩子有機會強加自己的規則，徹底反轉了家庭中的權力結構與角色定位。父母不再像父母，反而像個私生子，甚至是個尚未斷奶的嬰兒。

孩子的權益與需求

隨著醫學進步，嬰兒死亡率下降，加上避孕措施普及，現代的人已能自主選擇是否生小孩。雖然仍有少數意外懷孕的情況，但如今大多數男女都是真心盼望並想要養育後代才會計畫生孩子。孩子不再只是兩性歡愉的產物，而是順應父母的期望而誕生的。這種轉變改變了很多事情，因為家庭的組建也順應了父母的期望。從街坊好友的經驗中，我們多少能理解，父母越是盼望孩子出生，對孩子未來的期許就越高。若夫妻備孕多年仍一直沒消息，直到成為高齡產婦，那麼對孩子的期望往往會更高，甚至希望孩子一出生就能帶來某些象徵性或命理上的好兆頭。承擔如此厚望的孩子，又怎麼敢讓盼著自己出生的父母失望呢？更糟糕的是，這種轉變居然發生在一個家庭紐帶逐漸瓦解，並以成功、個人主義、外在表現、無限慾望為核心價值的時代。各種奇奇怪怪的「價值觀」給許多成年人帶來龐大的壓力與生活上的不安，使他們無力安慰自己的孩子。孩子出生前就被日盼夜盼的父母高度理想化，出生後又不得不承擔父母的各種期望。為了能讓兒童在這樣的環境中獲得必要的保護與關懷，社會除了透過法律規範父母的義務，還創造出「兒童權益」的概念。然而，大眾卻極易將此概念與孩子的需求混淆。

舉個例子，父母的離異對孩子來說是極其可怕的事。在這種情況下，孩子比以往更需要父母的關心，父母應該讓孩子放心，並清楚解釋未來的生活安排。然而，真正做到這一點的父母卻是寥寥無幾，因為大多數的離婚官司都充滿了艱辛與衝突，有時甚至涉及家暴。淹沒在訴訟程序中的父母得忙著跟律師打交道，而此時孩子會發現自己雖然身處風暴中心，卻無人來撫慰自己的不安、關心自己所經歷過的一切。若要成為孩子眼中「能尋求安慰的人」，父母需要展現出值得讓孩子信任的形象，仔細聆聽孩子的心聲，並向他們保證，儘管未來陪伴的時間調整，但絕不用擔心被拋棄，也不用煩惱被誤解或忽視。然而，法官的裁決往往更注重父母的權益，而非孩子的需求。大多數法官總認為自己已充分顧及孩子的權益，卻不明白孩子的需求不總是與這些權益一致。對孩子而言，能夠與相愛、幸福的雙親同住一個屋簷下共同成長，才是真正的「權益」。但當雙親離異，就只能退而求其次、滿足孩子基本需求，也就是保障孩子能有健全的心理發展。目前所有研究都證明，穩定的依存關係對嬰兒的心理發展至關重要。換句話說，若法官以考量「孩子權益」為名，判決尚在哺乳期的嬰兒需在父親與母親家中輪流居住，絕對是相當荒謬的作法。嬰兒並沒有能力拒絕這種輪換，只能在雙親各自忙碌、無暇看顧自己時，透過一些明顯的症狀來表達自己的不滿。

法官當然不會安慰孩子，畢竟心理治療跟法律賠償是截然不同的事情。然而，針對未成年受害者的成年後追蹤研究顯示，法院開庭的氣氛對他們的未來有一定程度的影響。當法庭內有人願意聆聽孩子的經歷，讓他們感受到被理解與尊重，便能有助於減輕他們的痛苦，並提供一定程度的安慰。然而，司法運作與兒童大腦內的邏輯卻相去甚遠（無論是程序的長短或場所的氣氛）。孩子們需要的是安撫、傾聽、陪伴和安慰。當父母被控有罪，或是父母自身也是受害者，身心俱疲且被痛苦壓垮時，他們往往無力安慰孩子。在這種情況下，就必須讓兒權律師、個案管理員或相關協會介入。

壓力重重的親子關係

社會對完美父母的標準越嚴苛，就越希望父母在孩子身上多投資，才能填補自己小時候的缺憾。要在這樣的社會為人父母，就一定得調整安慰孩子與解讀孩子需求的方式。

在一個講究及時行樂、厭惡挫折的社會，面對孩子的痛苦會很困難。大人要在社會的諸多指導下規劃自己的生活，才不會讓孩子感到痛苦。可是大人怎麼忍心對遂自己心願降生的孩子說「不」，又怎麼忍心讓他失望呢？正值壯年的父母要符合社會期望發展抱負，以滿足個人成就感時，該如何接受這個不可避免的挫折？當社會公認有好的父母才能教養出快樂的孩子時，要怎麼讓大眾認識到孩子的需求未必與大人一致？在一個大多人為了及時享樂與滿足自己不惜一切代價的年代，如何說服自己孩子並非生命的過客，我們終其一生都是他的父母？在媒體氾濫的年代，如何才能避免像社交媒體的某些大人那樣，不知不覺利用孩子滿足自己？

父母必須親手打碎那個幻想中的「完美孩子」（幻滅是成長的開始），才能好好面對現實中的孩子，而非把孩子當成一個能補償自己的投資標的。若他們不能讓孩子處在孩子的位置，並將自己在大人的位置上擺正，孩子就只有被理想化或不被認可的下場。不管是哪種情況，孩子都得在大人引導下成長，但大人也不能全天候緊迫盯人，不然孩子無法學習獨立。當世代有明顯差異，每個人各居其位，父母（成人）和孩子之間才會有所謂的「傳承」。當世代差異模糊化，就會讓許多父母失去方向，不知該作什麼，或是不知如何做才好。有時大人會試圖用物質而非情感來彌補，比方說花大錢買禮物，以為這樣便能安慰孩子。

這些出於善意的舉動，往往會演變成孩子與大人之間的「債務」，甚至升級為勒索，與本該為孩子帶來安心的情感紐帶相差甚遠。現在有很多父母都感到相當煩惱，雖然他們願意做任何事情來讓孩子不再哭泣或悲傷，卻忘了物質永遠不能代替言語、傾聽和擁抱。

在當今社會，為人父母會遇到的狀況與不確定性越來越多。潛伏階段的錯置似乎引發了前所未有的價值危機，使得世代不分、階級模糊。這樣的環境下，社會營造出的焦慮氣氛讓成人越來越擔心孩子，最終導致親子之間發展出互不信任的相互依存關係。

當孩子心裡感到痛苦卻無人安慰，只能孤身面對時，他們可能會因想向大人求援而變得「難相處」，如同某些人口中的「任性孩子」、「小霸王」。有些尚未受過基本教育的孩子會藉由暴力（言語或行動）來宣洩自己的沮喪，當然也有些孩子在極度不安下試圖尋求安慰。然而，當今社會的孩子卻發現，自己無意間被父母當成彌補自身痛苦、自我陶醉的工具。換句話說，孩子不得不反過來安慰父母，並滿足及重視其需求。在這樣完全顛倒的家庭機能和價值觀面前，孩子再也沒有任何獲得安慰的空間。

那麼該如何安慰一個本來就不太會表達，又可能動搖大人自身心理平衡的孩子呢？此時，大人不如優先照顧自己，讓孩子慢慢思考自己的存在的價值。

螢幕是新世代的安慰方式嗎？

隨著時代變遷，螢幕已經成為時下孩子的主要對話對象，不過這個虛擬保母比傳統保母更麻煩。

從正面角度來看，孩子若能在面對艱難時自立自強，那麼在危急的情況下，至少他們能上網找個應用程式來學會處理壓力與傷痛。事實上，不是有很多家長向老師反應，孩子不高興時只要打打電動就能「平靜下來」嗎？可是有多少家長對於孩子每天寧願花幾個小時盯著螢幕，也不願花幾分鐘與父母互動能無動於衷呢？有的父母坦言，與其與孩子發生衝突，他們更傾向打開電視給幼兒看，至於青少年，則讓他們在螢幕前待上幾個小時，螢幕恰好充當了親子之間，甚至孩子與外界之間的「屏幕」。當孩子處境困難，有時會選擇躲在螢幕後來逃避現實，這種逃避現實的防禦模式可給人一種保護自己免受額外痛苦的錯覺，但過度使用可能會導致脫離現實，甚至成癮，且難以戒掉。然而，任何螢幕或應用程式，都無法取代大人在孩子學習人際互動中所扮演的重要性。無論是與外界的聯繫，又或是同理心與團結，以及對自己與他人的尊重，都需要這些人與人之間的聯繫來建立。若沒有大人的協助，孩子就只能獨自承擔這種痛苦。

當然，今日的孩子與往日的孩子不同，也與明日的孩子有所差異。而成年人的想法同樣在不斷變化，尤其是對童年和兒童的看法。然而，這些演變並不意味著安慰有一天會變得不再重要。

CHAPTER 5

如何依年齡或階段調整安慰方式？

要解讀孩子的求援訊號，並以適當的方式安慰，需要考量的因素有幾個：第一是年齡，嬰兒、兒童、青少年應對困境的方式完全不一樣，因為成長階段不同；第二是其生活環境與文化背景，這些可能是他們對抗逆境的手段，當然也有可能不是；第三則是事發時間，畢竟剛出現的新創傷跟多年前遺留的舊創傷是不能用同樣的方法照料的。

依孩子年齡選擇安慰方式

六個月大的凱文自從換保母後就睡不安穩，還會無緣無故哭鬧。只能用咿咿呀呀等亂叫來表達苦惱的他，其實只是想被照顧自己的大人抱在懷裡哄。

十五歲的尚恩窩在房間裡打了幾個月的電動後，終於吐露了自己失戀的心情。他之前不說並不是因為不會說，而是不想說。至於他想不想要人家抱抱，就更難說了。

每個孩子的痛苦根源都不同，情感表現也各異，以上兩個孩子就是很好的例子。但情感不管是以哪種方式扎在心裡，外顯方式如何，它始終存在。從前面兩種情境看來，與其說是依年齡調整安慰方式，不如說年齡會影響安慰時兩個主體間的碰撞，兩個主體在此指的當然就是提供安慰的大人與被安慰的孩子。當然孩子的成長歷程，以及他小時候能否建構出堅實的依存紐帶，也得考慮進去。孩子其實很早就學會看大人臉色，也就是藉由大人的表情、動作、語氣，推測對方當下是否有空理會自己。看到大人繃著臉、嘴唇緊抿、目光陰沉或空洞、語調異常低沉或一語不發時，就會意識到此時的大人不像平常一樣能回應自己的需求，而親子溝通很常因這種情感上的不和諧中斷。

孩子最需要知道的，是身邊有可靠的大人，所以自己並不孤單。某些大人會以擁抱來突顯自己的存在，而即使是因成長或教育背景不習慣與人有身體接觸的大人，也能用言語或短訊表達關懷，讓孩子安心。然而，有些孩子喜歡抱抱，有的則不喜歡人家碰，因此很難單看年齡來建議該用哪種方式安慰。但從常識上來看，最能安慰孩子的，一定是較了解孩子個性與平日行為的家長，外人（即使是專家或介入照料的社工）雖然可能也有基本的關懷技巧，但對某些孩子未必管用。

我雖見慣醫護人員安慰住院病童，也協助過不少教育工作者照顧被法院判決安置的兒童，但某件事讓我印象特別深刻。二〇一〇年一月，海地發生大地震，政府決定建立緊急機構讓進入收養程序的孩童儘快抵達法國。整個援助過程涉及近四百名兒童，其中絕大多數不滿三歲，且沒人會說法語。這些孩子在災難中曾遭遇各式各樣的情況，有的沒怎麼受傷，有的則因為托育中心倒塌，從眾多屍體和瓦礫中倖存。還有一些是因為父母無力照顧只能先忍痛出養，打算待家計改善後再接回，剩下的就是被遺棄的孤兒。他們全都被安置在集體生活為主的收容場所（能睡多人的通鋪）。某些與手足同時抵達的孩子因為被不同家庭收養而分開，由先到的養父母接走。還有人則是動身離開身處熱帶的母國，抵達法國那天剛好下雪。雖然照顧他們的人都會說克雷奧語（Créole）[26]，但看到身邊多了一堆說陌生語言、不知道自己基本需求（尤其是食物偏好等）的白人，這些孩子可以說是面臨了家庭、文化、氣候、語言等多方面的一連串衝擊。

所有人都盡力減輕這些衝擊對孩子的創傷。紅十字會援助人員將孩子從海地送到巴黎，讓他們能在巴黎與養父母碰頭，然而大多數孩子都與養父母素未謀面。班機抵法後，就由其他人員接手處理相關行政手續，所有孩子得在機場等待資料齊全後方可離開（短則兩小時，長的話可能會拖上十小時）。援助人員在搭上首趟接送班機時都很熱情，自告奮勇照顧這些幼兒，但幾分鐘後他們就明白，照顧心理受創的孩子並非易事，對普通小孩有效的方法在此根本起不

26. 譯註：海地的官方語言是克雷奧語跟法語，前者比較接近母語的地位。

了作用。有些寶寶情緒消沉到無法跟人互動，有些還沮喪地哭泣。大多數的援助人員正如同許多大人一樣，不敢貿然將眼前的幼兒抱在懷裡哄，這些沒幾公斤重的寶寶不是像棉花糖一樣一捏就扁，就是處於全身緊繃狀態，擁抱不但會讓他們難受，還會放大其痛苦，所以大人怎麼抱都不對，就怕傷害到孩子。

援助人員一個個不知所措，一些不耐煩的甚至開始對孩子發脾氣，因為孩子非但不想依偎他們，還把他們推開。當時政府當局在機場劃出一塊臨時安置區，而負責孩子心理醫療工作的我在紅十字會的協助下，用衣物充作臨時的拼接地毯，佈置出好幾片能躺能臥的地方，讓孩子能像以前在海地一樣聚在一起席地而坐。這樣做除了能防止他們受傷，也能讓他們暫時擺脫揹帶的束縛，雖然工作人員用揹帶的本意良善，但被束縛住的寶寶恐怕不這麼認為。我們坐在他們中間，平靜地解釋目前的情況（航班、旅途安排、巴黎、在機場接待他們的組織，以及我自己，然後說明他們養父母正在辦手續，完成後就來接他們等）。這些孩子當然有聽沒有懂，畢竟在他們這年紀，即使語言相通也很難理解那些事。但這個動作卻有著安慰的效果，他們平靜下來、停止哭泣，有些孩子開始討抱抱，其他在剛抵達時推開奶瓶的現在也願意進食了。我們本來也可以放手不管，就坐在他們身邊，像在實驗室觀察動物那樣，任由他們嗷嗷叫，畢竟災後新生兒照顧本來就不容易，很多方法經測試後都效果有限。但最後我們還是決定用平靜的交談建立傾聽與關懷的紐帶、不同個體間的紐帶、大人與孩童間的紐帶。在此採取的溝通方式並非從「有見識的大人」到「無知的孩子」的單向垂直溝通，因為我們認為，既然孩子心中有苦說不出，我們這些大人應該幫助他們理解痛苦，讓他們試著表達情緒，與其強迫孩子單向接受我們的「好意」（前面用揹帶「保護」他們也是出於「好意」），不如站在與孩子平齊的高度為他們設想。與他們交談能喚回被地震與長途跋涉摧毀的人性，即使孩子們完全無法聽懂我們的話，也能因此感受到眼前的大人是為了幫助自己而來。從我們這些介入協助者的角度來看，與他們交談不但能讓他們擺脫無助感，也不用再另尋善意謊言或編出自己都不相信的說法，讓孩子因為成人的不坦承而有心理防備。

稍微說幾句話、讓孩子覺得對方理解自己的感受，就能讓孩子慢慢地從一團迷霧中走出來，慢慢拼湊出事件的輪廓，進而建立起孩子與大人間的人際紐帶。

從以上這個例子（包含其他例子）可知，安慰孩子首要原則就是讓孩子知道，無論發生什麼事，我們都在他身邊。要讓孩子從小就建立此信念，大人就得在孩子很小的時候將他當人看、耐心地跟他溝通，而不是將他視為麻煩，或是令人擔驚受怕、難懂的小東西。試著去解讀他想藉由身體動作或咿咿呀呀等不滿聲響來表達的訊息，進而傾聽他能說或想對我們說的話，而非強迫他主動開口。這樣的傾聽能觸及孩子在生活中遭遇到的痛苦，進而達到安撫的效果。為此，我們常得暫時拋開自己的習慣與成見，嘗試以不同方式應對孩子的行為，一次又一次地將自己調整到「孩子的高度」，以求盡可能安慰孩子。若我們能從孩子的表達方式解讀他的痛苦，也能將自己的理解化為語言告訴他，孩子就能感受到我們在心理上與他同在，其苦惱就會紓解。從苦惱中解放後，孩子便能逐漸學會自己面對被挫折擊倒的時刻。

舉一個新手父母常遇到的例子，當寶寶不停哭泣，但全部「檢查」都顯示沒問題。尿布是乾淨的，也吃飽了，更沒發燒，似乎也沒有哪裡不適，然而寶寶還是哭了好幾個小時，怎麼哄都沒辦法平靜下來。在這樣的情況下，若父母出現怒喝、生氣或其他疲憊的情緒波動，只會加劇孩子的不適，讓哭聲更加激烈，自己也會越來越焦躁。要擺脫這種地獄般的處境是困難的，被逼急的父母可能會因為感受到孩子的迫害（「他一定是故意的」、「他把我的生活搞得一團糟」）而做出粗暴的舉動。要安慰一個不會說話、無法確實告訴別人自己出什麼問題的幼兒，首要任務，是盡可能讓他理解大人一定與他同在。父母此時得先冷靜下來，避免自己受到孩子情緒影響，最後淪落到只能做出跟孩子一樣的反應。每個人都能找出讓自己冷靜的方法，像是平緩地呼吸，放點能讓自己平靜下來的音樂、躲到別的房間叫一叫發洩一下等。平靜下來後再跟寶寶說話，即使他還小聽不懂，這樣做也有助於恢復被情勢破壞的情感紐帶，讓雙方重新理清頭緒。相反地，若父母對哭鬧的孩子大喊大叫、發脾氣、責罵、懲罰，甚至不理他，那只是在否定自己為人父母的身分，讓孩子認為父母不想管自己。父母這樣做反而不是把小孩當人看待，而是當成一個看不順眼、一見就煩的東西，甚至是憤怒、萬事不順的根源。跟他說話，將孩子當人對話，才是創造人際紐帶最簡單的方式。若父母跟孩子一樣只會哭鬧、生氣、罵人，就沒辦法安慰孩子。此外，別因拿孩子沒轍而遷怒於他。冷靜下來，用和緩的語氣，對孩子描述自己對其痛苦的理解，便能產生一種情感上的不和諧，讓孩子豁然領悟到，原來除了哭鬧、發脾氣還有別的反應方式，如此讓孩子平靜下來的機會就更大了。

孩子在交談時能運用的詞彙會隨著年紀漸長而越趨豐富，所以安慰起來會更容易？其實未必。很多孩子因為種種原因不會用語言表達自己的感受，除了不太理解自己遇到的事，或是找不到能解釋的說詞以外，可能也是因為羞恥、內疚、害怕親友受傷而保持沉默，並以過度順從的態度應對狀況，稍後會看到相關案例。然而童年（一般是指三至十二歲）仍是父母較有耐心安慰孩子的時期。

索菲亞有四個兒子，年齡分別為十六個月、六歲、十一歲和十六歲。住家那一帶不久前發生火災，不得不全家撤離。他們被安置在市政廳旁的體育館近十日，尚不知自家房子是完好無損還是化為灰燼。「老四不用擔心，反正他一定聽不懂。六歲的老三很不安，因為生活突然變調，他即使聽不懂我們的解釋，應該也感受到周圍擔憂的氣氛和我們的無助，雖然他會鑽進我或他爸的懷裡要求抱抱，但似乎還是安不下心來。十一歲的老二就比較省事，他聽得進去我跟先生說的話，要抱抱時也會主動靠過來，比他弟弟穩定多了。至於身為青少年的老大就很麻煩，整天玩手機，什麼也聽不進去，至於給他抱抱，我只能說別鬧了，他會把我們推開。」

青少年是人生相當特殊的時期。此時正是孩子逐漸脫離父母、學習自主的時候，因此依存紐帶的問題再次浮上檯面。家庭得再次適應孩子的轉變，尤其是父母。他們必須在不讓自己或孩子內疚的前提下，放手讓孩子獨立。要順利達到精神與物質上的自主，關鍵在於有沒有勇氣說「不」（不管對象是親友還是同儕）。然而家人間的界線缺乏彈性，任何一點變化都有導致關係破裂甚至崩潰的風險，所以孩子也不能一下子就跟家人「翻臉」。

一開始青少年只能像條繃緊的橡皮筋那樣勉強應付大人，但在找出合適的人際界線後，就會回復其彈性。苦惱的青少年安慰起來可能更不容易，因為該階段其中一個挑戰就是把自己跟父母分開，設法自立。許多青少年更喜歡獨來獨往，因為他們認為倚靠大人是軟弱和退化成幼童的表現。面對處於困境的青少年時，父母與大人若出言安慰，不但可能會被拒（「少管我！」、「不用你管！」），也可能讓他們想起以前的經歷，然後被翻舊帳（「我小的時候你不也什麼都不做嗎？」）。有些受不了打擊的青少年甚至會毫無遮掩地發洩情緒（「都是你！」、「要是你當初沒插手就好！」、「你真沒用！」）。這些話對於那些排除萬難與他同在的大人來說可能很傷人，但一定要諒解，此時的孩子是最需要大人支持的，大人只是剛好在他面前，所以就成了他發洩的工具。要先諒解這點，才能用正確的角度看待這些可能很傷人的話。

心理傷害會破壞孩子對大人及外界的信任紐帶。安慰的宗旨就是盡可能恢復、修復信任紐帶，讓孩子知道自己並不孤單，進而安他的心。此時若有其他既存的安全依存紐帶支撐著，重續紐帶會更容易，但當生活充斥各種不安全感，修復起來就會比較困難。對缺乏安全感的青少年來說，尋求自主並承擔來自他人或外界的風險是很可怕的事，所以他可能會選擇自我封閉，阻止自己尋求、接受外界支援。雖然還是會相當依賴親近的人，但不代表他感到安心，因為他無法獨立。在這種不安全依存紐帶的運作下，當他崩潰亟需安慰時，便很難信任對他伸出援手的人，而改變不了自己的表現，自然就無法適應外界的現實。若想調整自己而不用擔心生活變調，就得先有足夠的自信，分清楚自己與大人的界線。然而在建立不安全依存紐帶的青少年無法做到這點，他們會因為無法適應巨變，只好修改自己對現實的描述，使其符合自己的認知。

青少年雖可能因不安全的依存紐帶而陷入困境，但若成年人能適時介入，尤其是在其遭逢艱難甚至絕境時，安慰有時會成為他們改善人際關係的契機。換句話說，安慰過程可能有助於修復以往令人痛苦的依存紐帶，讓未曾大膽脫離親人自立的青少年不知不覺調整自己的人際關係模式，並在家庭開拓出一個屬於自己的位置，因為安慰能讓我們以不同角度思考每個人的位置，進而強化家庭凝聚力，以及與其他成員之間的連結。

十六歲的維克多是三個男孩中的老大。某天他與高中同學喝了一晚上的酒，被消防員急救後送入醫院。在住院期間他自承服用不少非法藥物，也成天打電動。維克多的父母在確信他沒後遺症後，就從一開始的擔心變成暴怒，然後抱怨家庭生活如何因他的行為而變得「難以忍受」。他們形容維克多「蠻橫」、「喜怒無常」、「只會黏著螢幕」、「不跟家人一起吃飯」、「會打弟弟」、「不停扯謊」，還有「他人很聰明卻早早輟學」，最後總結：「我們愛他，但我們啥也不懂，不知該怎麼辦，只知道我們再也受不了他，而且還得保護他的兩個弟弟。」維克多則吐露了他被父母排斥的感受，他相信自己永遠也無法逃出父母的掌握，自己也不是他們理想中的兒子。維克多的住院治療給了家庭成員喘口氣的機會（他兩週不在家），無論是組織層面還是情感層面。維克多與其父母、弟弟都在個人（針對每個成員）與家庭治療時間坦露自己的想法，包含了失望、焦慮、前途茫茫，還有自己深陷一連串失控事件的感覺，既然大家都擺爛，那自己也跟著擺爛就好。維克多的父母表示，他出生幾週後因支氣管炎被送急診：「那時我們以為他真的快死了。」這段痛苦的經歷導致他們過度警覺和保護，以至於侵犯了維克多的個人空間，他一舉一動都受到嚴密監控，從未有獨處的機會，只要稍微哭一下，父親或母親就會衝過來。父母的注意力隨著他長大不知不覺轉變成貨真價實的控制，除非很精確地報告要做什麼、感覺怎樣、要見誰，不然他什麼也做不了。父母的種種行為都是擔心維克多會死，一方面要安自己的心，一方面要讓外界知道一切盡在他們的掌控中，他們無可指摘。維克多則表示：「他們讓我感到窒息。我活著不是為了自己，而是為了他們，若不遂他們的願，我就毫無價值了。」

維克多和他的父母在心理上迷失了方向，他們都在找尋對方，卻怎麼都找不到。維克多過去幾個月的行為可以理解成對父母的呼籲，但他們卻將此視為對他們權威的挑釁和威脅。他的父母和弟弟對維克多住院治療感到欣慰，連稱這是「恢復了久違的平靜」，但感到被背棄的維克多卻認為這只是家人「擺脫」自己的藉口。在治療期間，每個家族成員將一點一滴吐露出的情感重新融入家族歷史中，並從中解讀每個人可能為其他人帶來的影響，進而讓所有人都有承擔自己責任的共識。維克多的父母承認自己緊迫釘人的態度太超過，不但沒能保護好兒子，反而讓他失去安全感，進而尋求別的慰藉。所有家庭成員都希望藉由重建對彼此的信心，重拾生活的平靜與「幸福」的家庭關係。維克多有好幾次質疑父母守住界線、控制自身態度的決心，幸好大家在治療室裡不但能分享情感、建立共同責任，還能引進新模式來重建家庭功能。維克多大致描述了自己的想法，並告訴父母自己想做什麼，父母則表達他們希望他能遵守的限制，所有的交流讓每個人一點一點地重拾被信任的感覺。維克多不再認為自己只能活成父母想要的樣子，也不再拚命唱反調，更不再執著於他人的讚美，甚至不再因沒被滿足而失望。他在青少年住院治療中心，也從其他年輕人口中聽到類似的感受，讓他意識到自己並非唯一有此經歷的人。這給了他安全感，也強化了他的自尊，使他能面對父母的言論而不會感到受迫害或羞辱。這段時間對個人、團體、家庭的治療，都是為了協助每個人管理、調節自己的情緒，進而強化其自我認同，使得青春期必經的自主化過程得以在雙方都無須擔心迷失方向的情況下完成。這是個雙重挑戰，讓每個成員都能在尊重差異的同時找回自己的位置，進而重建對家庭的歸屬感。

維克多一點一點地進步，最終戒掉昔日那些荒唐行為，父母跟弟弟們也不再將他視為家族的煩惱根源。大家不但重拾對彼此的信任，近幾個月因家庭「互斥」的恐懼也逐漸平息，每個人也都在心中描繪出一個不那麼理想化，卻更真實的自我形象。這件事本來可能以悲劇告終，但卻成為家人間相互安慰的契機，使他們能重新理清家庭內部現有的依存紐帶。

依孩子年齡選擇安慰方式之前，一定要搞清楚要安慰的對象不是自己，因為安慰必然會重新喚起曾是孩子的自己。無論孩子是嬰兒還是青少年，大人想給予孩子的，通常會是自己內心的投射：不是自己很想要，就是當年那個還是孩子的自己很想要的。但別搞混了，即使是自己生的孩子，也代替不了自己。過去了就是過去了，現在再怎麼彌補到孩子身上，都彌補不了當年的自己。有此覺悟後，才能鞏固自己的信心與信念，進而不斷地精進安慰技巧。若安慰對象是未曾相識的孩子，可以試著從認識他們的人打聽資訊，就算是專業人士也會像日托中心或保母那樣詢問家長，通常是如何讓孩子平靜下來的。

依年齡決定安慰方式後，就得安排相應的資源，營造出讓孩子有安全感的區域。該任務看似簡單，但讓孩子免受周遭危險的影響並非易事，尤其是在戰火或天災下。但即使是處於極端情況，大人也能設法劃出一塊孩子專屬的「安全區」，即使是很小一塊（比方說用自己的雙臂圍著）。與孩子說話，一起唱童謠、回憶或講述昔日趣事等小動作一樣能安慰到孩子並排解他們心理壓力，亦可指導孩子在焦慮時調整呼吸節奏，此舉不但能讓他們平靜下來，也能達到一定程度的安慰效果。

依創傷發展階段調整安慰方式

人的生活是離不開時間流轉的，畢竟誰沒有過去、現在、未來？人的發展亦會隨時間演變，經歷童年、青少年、成年、老年四階段。然而社會也會隨著時間演變，連帶著改變個人發展，在學時跟從校園的節奏，出社會後就跟從社會與家庭生活的節奏。雖然所有人都會受時光流逝的影響，但對時間的看法卻不盡相同，其原因多少也跟文化背景有關。西方社會是將時間視為一連串的「單元」，一個單元只能進行一件事，所以時間很寶貴，而傳統社會則將時間視為「多元」，只要控制得當，同一時間可以做很多事，所以不怎麼講究準時。因此西方社會多認為任務的成功在於「是否能有效率地完成」，也就是求快；傳統社會則將重點放在「怎麼完成比較方便」，最好能一箭三雕。文化不同，適合安慰的時間點也不同，原因就在於這種時間觀上的差異，使得哀悼、渡過難關、賦予生命意義所需的時間長短也不同。

人對時間的感知會隨年齡而變。小孩至少要到十歲左右才能像成人一樣以日、週、月、年來描述抽象的時間概念。在此之前，幼童常以情感來標示自己的經歷，他們不按時間順序記事，而是按情緒影響（不論正面負面）大小順序記事。舉個例子，新學年開始後，老師多少會要孩子分享暑假的經歷。青少年通常會從七月開始講再講八月，而幼童多會從令他們印象最深刻的事開始講，不會管它是哪天發生的。而成人隨著年紀漸長，會有時間流逝越來越快的錯覺，雖然一分鐘仍是六十秒，一年依然是三百六十五天。

要依事發時間調整安慰方式，須牢記每個人的時間觀會隨年齡與文化背景而變。所以幼時心理受創的兒童，無論多長了幾歲、事情過去多久，都有可能會突然直接或間接尋求安慰。

孩子心理受創後，其情緒可能一下子就爆發，亦可能苦惱多年後才爆發。至於為何會心理受創，有時是因為單一事件，也有可能是被一連串事件擊倒。所以安慰前，知道創傷是從何時開始很重要。然而很少有人從這個角度考慮，彷彿哪時安慰孩子都一樣，就跟安慰大人差不多。

十六歲的何塞訴說了自己的故事。五年前，父親騎自行車時出了嚴重意外，他雖難過了一陣子但尚能「自制」。但從那之後又陸續發生許多事，包括深愛的爺爺過世、宛如「囚禁」的疫情封鎖、初嘗失戀之苦，最後則是他未能進入夢寐以求的高中。面對這一連串生活重擊，原本還能「堅持住」的他崩潰了。精神科醫生判斷他得了「嚴重抑鬱症」，並安排住院治療。那些年來他都是「哭過就算了」，但這次他卻失去了所有活下來的力氣，「彷彿被囚禁在悲傷中、只有一片虛無」。他說：「不被那所高中錄取，是我這一生極大的挫折。雖然是跟爺爺的過世與父親的意外完全扯不上關係的挫折，但實在太難受了。」

然而，在創傷事件發生的瞬間（稱為T＝0）所提供的安慰，與事過境遷後的安慰在本質上是不一樣的，因為孩子在事發幾天後、幾週後、幾年後的心理狀態會與T＝0時完全不同。孩子在T＝0時承受的衝擊有高有低，有的是直接承受衝擊，也有的是間接。目睹親人死亡、被襲擊、出車禍或身處天災下的混亂等，都算直接承受。間接承受是指事發時不在現場，甚至是事後幾天才被告知，然後生活才開始走樣。這種差異很重要，因為在孩子遇到創傷事件的當下幾分鐘內，可能會經歷一些莫名其妙與無法理解的事，讓他事後回想起來時心理崩潰。那段「超脫於時間外」的時刻就像時間暫停一樣，每句話、每張影像、每一種氣味都會深深地銘刻在當事人的記憶中。在事發當下立即安慰時務必得注意這些「感官印象」，它們往往是讓孩子突然回想（也許在很久以後）起那些重大創傷的導火線，能將他們驟然推入那段可怕的痛苦記憶。

南亞大海嘯期間，年僅八歲的伊莎貝爾僥倖撿回一命，但其父母與妹妹皆命喪於普吉島。雖事隔多年，但她只要一聽到撞擊聲（比如關門聲「砰」），就會聯想到海嘯期間聽到的聲音，並回憶起當時在海浪中載浮載沉的自己，以及那一幕幕恐怖景象。

二十五歲的朱爾是名才氣縱橫的學子，很難相信他曾在一場可怕的鐵道事故中與死神擦肩而過。那天他沒受傷，但看到不少人渾身是血，甚至無力地癱在地上奄奄一息，耳邊還傳來此起彼落的呼救聲、救護車的鳴笛聲。他說：「每當聽到消防隊或救護車的鳴笛聲時，我都會跳起來，然後就突然發現自己身處那個被詛咒的月台上。無論我如何說服自己整個惡夢已經結束，它都能出其不意地向我襲來……這些聲音就像一道隨時可能再被挑起的傷疤。」

三十歲的洛根有個三歲的女兒，他回憶起他與妻子陪伴女兒第一天上學的事：「我們就像開學的孩子一樣既興奮又高興，但也很清楚進幼兒園對孩子是多重要的一件事，感覺其實有點五味雜陳。看著她長大、行動漸漸自主，雖然很喜歡她有個小女孩的樣子，但又很懷念她還是嬰兒的時候。一切都很順利，但在進入教室後，我突然很焦慮，眼裡含淚、全身都在顫抖。妻子不明白發生什麼事，以為我是因為不得不把女兒留在這個噪音此起彼落的陌生環境而難受。哭泣的孩子、抓著父母不放的孩子、試圖讓大家平靜下來的老師，在他們中間的我卻動彈不得。最後為了避免出洋相，我匆匆離開教室，因為覺得心裡有某些東西正在崩裂。然而，我花了一段時間才明白發生了什麼事。我小的時候曾被霸凌，當時還沒有這個詞，老師只跟我的父母說，我是班上的『替罪羊』，但沒多做說明。對她來說，『每年都會有一個倒楣鬼』，而那一年剛好輪到我。我記得我一上幼兒園就被同學嘲笑，說我又胖又笨拙，沒人願意和我在操場上玩，下課和吃飯那幾小時我都只能獨自熬過。他們並沒打我，而是用譏諷、訕笑等態度將我與他人隔絕。然而，當時的人並沒留意這種言語暴力對孩子生活的影響。我記得那時曾跟父母說不想再去學校了，還經常在上學前嘔吐，但父母只會用『別找藉口了』、『事情沒那麼嚴重』之類的言詞責備我，還說我必須『堅強起來、別理他人怎麼想』，完全不在乎我有多痛苦。隨著時間流逝，我把這一切都鎖進童年記憶中，之後我們全家便搬到別區。與妻子相遇後，某日我們特地規劃了一次旅行，去參觀我長大的地方。我帶她去逛我以前住過的地方，但在經過那間學校時，我整個人焦躁不安，所以沒進去。而那天送女兒進教室時，那些迎面而來的噪音與氣味將我在幼兒園的回憶猛然地推了出來，我本來以為自己再也想不起來了。」

感官印象對心理受創兒童的未來影響更大，因為兒童不像大人那樣有辦法保護自己。比方說，嬰兒無法扭頭不去看可怕的影像，幼兒無法保護自己遠離危險情勢，若身旁無大人看顧、只能獨自面對危險的話，創傷事件的感官印象有可能就此嵌入其記憶中。

若T＝0時有成人能立即介入安慰，首要動作就是盡量保護孩子不受滯留的感官印象影響。然而，若成人本身也受到事件重創、無暇顧及孩子，那麼無法做到這一點也是可以理解的。

安慰心理受創的孩子應根據成人介入的時間點來採取相應的措施，這還有另一個緣故：某些孩子（即使是成人也會）可能出現前述的不適應行為（例如驚恐地逃走、如同石化般靜止不動、切換到「自駕模式」繼續做自己的事，或假裝一切如常等）。

由於心理傷害是持續的，若有大人在場，最好能注意孩子在事發當下的反應。若孩子有明顯不適應的行為，也就是呈現不堪重負狀態，那安慰的首要步驟就是保護他在之後幾天不會被感官印象勾起其創傷。當然，在緊急情況下，用盡手段保他一命是優先事項，即使這可能會讓孩子措手不及，進而造成心理受創。安慰不堪負荷的孩子時，必須知道他在事發當下的心理狀態已經無法使用原先能運用的手段。與其等他主動開口（即使是對有語言能力的孩子來說），不如平靜地與他交談，讓他知道有大人在、自己並不孤單，這樣的安慰效果會好很多。

跟他說說話、稍微提點一下方向、用最簡單的措詞解釋眼前的情況，這些動作不但能幫助不堪負荷的孩子修復因生活變調而破壞的關係紐帶，還能重續被難以言喻事件中斷的生活步調。不堪負荷是暫時的現象，雖然無法用科學實驗來量化，但根據專業人員在緊急個案上的經驗，持續時間不會太長（幾秒到幾小時）。由於不堪負荷的人不再處於正常狀態（無論是兒童還是成人），此時應避免讓他們獨處。如果身邊沒有親人陪伴，他們可能會崩潰，甚至需要住院。

若孩子在事發當下有做出適當反應（像是反抗、大哭、呼救和自保等），那事後最適合的安慰就是讚許他反應夠快，能在飛來橫禍時自保（即使只是微不足道的舉動）。正如前面海地兒童的例子，大人貿然去抱素不相識的孩子並不恰當，因為擁抱通常是親近之人才有的舉動，被不親的人抱反而會有被冒犯的感覺。待在他身旁、平靜地跟他說話，會比硬強迫孩子說話來得好。

對兒童心理來說，在事發時T＝0受到的關懷相當於「安慰前的安慰」。孩子若能在當時感受大人真心庇護，以後有話都會先跟該大人說。反之，若大人在當下無意間用了挖苦的態度和言語，不但會讓孩子記住很久，還可能不再被視為可求助的對象。

孩子在心理受創後數天、數月，甚至數年後都可能會有安慰需求，但這些與T＝0時的情況又不太一樣。從孩子的角度來看，由於事發已久，他不再處於因不堪負荷引起的心理崩潰狀態，此時保護他已非當務之急。而從介入的大人角度來看，T＝0時的壓力雖已不復存在，但這不代表大人不用了解前因後果與當時情境，因為正如前面提過，某些訊號能重新將孩子推回事發時的記憶。

若遭遇極戲劇性的一連串事件，前一次事件的創傷尚未癒合就接著下一件，一次次地療傷卻看不到盡頭，這種情況會讓孩子的心理世界就像凡妮莎那般「崩落」。

凡妮莎十歲時與父母和兩個弟弟一起去渡假，結果全家出了嚴重車禍。她和其中一個弟弟毫髮無傷，但是父親當場死亡，母親和另一個弟弟則身受重傷。最初幾天，母親和弟弟仍與死神拔河，祖父母與外祖父母都盡力陪伴孩子，讓他們能時不時回家住，維持正常生活。父親下葬時，母親和弟弟仍在加護病房。凡妮莎說：「雖然試著繼續過日子，但母親兩個月後便過世了，生活又走樣了。我們得將房子還給房東，所以不得不轉學，搬到布列塔尼與外祖父母同住。五年後，一直在醫院照護中心昏迷的弟弟也過世了，至死他都沒醒過來。太可怕了，太恐怖了，這比他們同一天死還慘。這五年來，我的人生每天都在崩落，最終我完全聽不進外公和外婆的安慰。我知道他們盡力了，但每次我稍微恢復一點，就又有人死去。」

二〇〇四年十二月，十四歲的納韋爾與父母、弟弟在普吉島度假，遇上南海大海嘯。她在恐懼中渡過幾小時、讓自己不被淹死後，終於被一個荷蘭家庭救起。她完全聽不懂對方說的話，對方也聽不懂她的語言，那家人會出現在那完全是因為「混亂中的緣分」，這是事發十年後她告訴我們的。政府當局雖一直協尋她的家人，但卻找不到，她只能先獨自回國，由阿姨照顧。她說：「為何不讓我死在那就好，一切都不重要了，我不在乎了，我連哭都哭不出來，因為這實在是無法想像的痛。回到法國後，我也回去國中上學，大家都對我很好。他們的好奇雖無惡意，但這種好奇真的讓我很難受……每個人都想見我、摸我、給我抱抱……無論認不認識，好像我是某種戰利品一樣能讓他們炫耀說『我們看到世紀災難的倖存者』。我認為這些人都沒有意識到自己的態度。我既不想讓人家可憐，也不想被人抱怨，只想回到以前的生活。無論說什麼都無法讓我好過，沒人能懂我的痛。有些人甚至會問我當年的事，阿姨也一直跟我說：『你得說，把一切說出來，不要獨自承受……』但該說什麼呢？我完全無法形容這種恐怖……她以為我是故意不說，但我只是無法用言語形容我的感受……若能看到父母或弟弟的屍體，也許我就不會這樣了，真的……我在普吉島等地確認了很多具遺體，但都不是他們……我多希望他們也能在某處被救起……我不想相信他們永遠沒有回家的那天。回國一個月後，當局通知阿姨，說找到父親的遺體，並將他裝在一具棺材後送了回來。接著就幫他辦了葬禮，但只給他一個人辦也太奇怪了……六個月後，又說找到母親、弟弟的遺體，同樣的事又得做一遍，但這次更奇怪，因為兩具棺材居然同樣大小。當局解釋說，無論罹難者是嬰兒還是成人，遺體均以同樣規格的棺材運送。死不能見屍已經讓我很難接受了，現在直接給我兩具同樣大小的棺材，讓我以為下葬的是兩個大人，可是我父親明明已經葬過了……另外，來教堂致哀的人也少很多，好似我人還沒走出來，大家就把注意力移到別處了……我能做的就是在棺材旁放一張三人的合照，讓它看起來不像統一規格。儘管我知道他們已經死透了，但今日我依然無法相信……這一切太不真實了，宛如一場惡夢，一場我怎麼也醒不過來的惡夢。」

CHAPTER 6

安慰的藝術

每個大人或小孩都是獨一無二的，所以世上沒有萬用的安慰「方法」或「工具」。要實踐安慰的藝術，首先得在心理上給孩子保留足夠的空間，這樣才有餘力按照前面的建議，針對孩子本身與情境調整作法。以下還整理了一些實行準則。

因應每個孩子個別的「情感高度」

能安慰這個人的方法並不一定能安慰另一個人。即使是同一個孩子，當下管用的安慰技巧在下一次也未必管用。孩子小時候受用的安慰方法，在他成年後也不一定有用。

有些孩子喜歡抱抱，但也有的孩子無法忍受任何身體接觸、只想獨處，某些孩子可用言語安慰，但也有些得在關懷上多花心思……面對各種五花八門的情況，大人得隨機應變、發揮創造力，才能在對的時間提供困境中的孩子適當的協助：既不能太早，也不能太晚，不能太過干涉，也不能太放任。安慰孩子並不代表要搖身一變，成為一個能瞬間鎮痛，甚至消災解厄的法師，也不等於得黏在孩子身邊、寸步不離。大人既無法體會孩子的苦，也不能幻想自己能消除痛苦，但更不能冷眼看著孩子痛苦而無動於衷。

將自己調整到與孩子平齊的高度、與他平視、好好聽他說，而非高高在上地看著那個孤獨、陌生、軟弱、受驚的他，才是最適當的安慰方式。有時候只要一個眼神，讓孩子感受到對方不只知道自己難受，還能解讀自己的痛苦，就足以給他帶來安慰的效果，當然這種事還是要看其年齡與個性，以及先前建立的紐帶強度。

要想安慰孩子，就得在心理上為他保留一個最低限度的空間，即便自己處境艱難。如此才能在劇變來臨之際及時安慰孩子（甚至是大人），將影響降到最低，當然這不是件容易的事。

巴蒂斯特六歲時與外公等人去釣魚，目睹外公因心臟病發而驟逝。匆匆趕來的母親雖然心情沉重，但很快就振作起來去看兒子，將他抱在懷裡。「起初我沒有說太多，就是抱著他、不斷重複我愛他，接著感覺他雙臂越抱越緊，我們就這樣抱著一起哭。巴蒂斯特先從那天一開始釣到什麼說起，慢慢地就講到最關鍵的一刻：外公教他釣魚、準備魚線，並說起某次一整天都沒釣到東西被外婆挖苦的事，然後外公發作、大人亂成一團、救護車來了。他娓娓道出這些話時已經不再哭泣，彷彿瞬間變成青少年。我一邊誇他勇敢，一邊擔心這突如其來的死亡會給他留下陰影。雖然我什麼也沒說，但我全神貫注地聽他說……即使過程很難受。我相信自己『聽他說，而非強迫他說』的舉動，讓他從獨自背負、無人分擔的情緒負荷中解脫。在我到場時，母親跟姊姊說巴蒂斯特一切正常，好好地跟表兄弟玩在一起。雖然其他大人都覺得沒必要，但我還是堅持先去看他，今天我才知道這個決定對他來說有多麼重要。即使他外公已經離世十年，他還是常常告訴我，好在我當初有好好聽他傾訴。那時大人把他們趕到房間看電視，他有種被人拒於千里之外的感覺，整個人籠罩在孤獨和被遺棄感中，直到我出現在他面前。漫長的對話後，我問他想做些什麼，他說：『吃點心！』也對，因為剛好是下午四點。短暫休息後，大人聚在客廳裡，此時他過來、拉著我的手說：『來，我帶你去。』然後我們走到河邊，他外公過世的地方，一切寧靜如常。巴蒂斯特坐了下來，靠在我身上，哭了很久。我不知道該說什麼，只能不斷重複我愛他，外公也愛他……我摸摸他的額頭，就像安撫還是嬰兒的他。我突然靈機一動，問他要不要玩打水漂，這其實是他外公生前很愛玩的遊戲。然後巴蒂斯特站了起來，我們就一直朝水面丟石頭，直到天黑。這個『儀式』讓巴蒂斯特深感安慰，儘管表面上看起來只是『小遊戲』。」

嬰兒、兒童、青少年在承受痛苦時的反應都不一樣，應對方式也不同，前面也展示了不少個案。所以安慰前務必要對情況的棘手程度有心理準備，特別是當孩子的痛苦與成人有關時，比方說虐待案件：本應庇護自己的大人卻會虐待、毆打、攻擊、侮辱，甚至性侵自己，這個事實足以說服孩子，任何事後介入、號稱要保護自己的大人未必真的能庇護自己，所以不管大人做什麼、說什麼，給孩子帶來的安慰效果都很有限。加害人（可能是一或多名）之所以對孩子做出這種「去主體化」暴力，是因為沒把孩子視為獨立個體、尊重他與自己的相異性（altérité），而是把孩子當成自己的所有物。孩子在藉由大人傳授他的知識來取得自主權的過程中，會逐漸建立相異性的概念。正因為人與人之間存在種種相異性，所以必須遵守規則與法律、尊重他人，並適時調整人與人之間的關係，方能在社會上生存。若無相異性意識，就會導致徹底的混亂，使得任何人都有機會受到讓．貝爾傑雷（Jean Bergeret）所說的「根本暴力」（violence fondamentale）。當孩子被完全蔑視、喪失主體性後，就會淪為一個被人瞧不起的「東西」，所以大部分受虐兒不會抱怨（沒被當人看的東西沒資格抱怨），也極少向別的大人尋求保護或安慰。畢竟會虐待孩子的，通常就是他身邊的親人。當至親的行為讓你懷疑人性時，你又怎能再去信賴他人？

安慰孩子，就得與孩子同在，讓孩子知道自己並不孤單，且永遠不會孤單。雖然這種堅定不移的存在，無論何時對孩子來說都是種絕對的保護，但每個孩子要的都不一樣，就算是同一個孩子，需求也會隨時間變化，所以得時時用點巧思、變換花樣提醒孩子這點。安慰孩子，是要緩和孩子在生活承受的痛苦，但不要幻想能消除創傷，或用其他東西「彌補」。喪親等人生至痛絕對是無法彌補的，身心受到傷害難免會留下傷痕，但生老病死本來就是生活的一部分，經歷了也不代表一定會終身痛苦。安慰孩子，並不是要否定其痛苦根源，而是要支持他克服痛苦。但當孩子曾經歷過暴力，安慰起來會更難，因為暴力會破壞人與人之間的紐帶，承受過他人暴力的孩子是無法立即信賴他人的。此時需要花更多時間與耐心，才能與孩子建立最起碼的信任，讓孩子相信我們是可以依靠的，而非強迫他開口吐露一切，這樣才能幫他（重新）尋回自信，以及對我們的信心。

情感的過渡

好的安慰者相當於一個能讓孩子重新回歸生活的「擺渡人」（adulte transitionnel），這是沿用兒童精神科醫師唐諾．溫尼考特（Donald Woods Winnicott）[27]當年提出的「過渡空間」（espace transitionnel）概念：一個能匯流外在與內在體驗、體現世界、允許人類文化發源的區域。該區域之所以特殊，是因為它介於兩個世界之間。一邊是內心、內在、內部現實，另一邊是外在、外部現實或非內在的東西。孩子生命中的「擺渡人」，就是能第一個解讀、見證孩子痛苦，讓孩子託付信賴、習得生存韌性的精神導師[28]。安慰是與孩子一起在一片混亂中抽絲剝繭，將內外兩世界的種種關聯編織起來，建構出真正的意義，也就是幫孩子找出其經歷與痛苦根源，以及他對這份痛苦的感受，並找出之間的關聯。若安慰者能成為孩子生命中的「擺渡人」，就能解讀孩子的痛苦，進而讓孩子願意訴說那些本來難以言喻的事。

要安慰孩子，就得配合他、將自己置於與他等高的姿態。不光是心裡想，身體也要跟著動、與他平視，即使得要蹲下來。若只是俯視著孩子、說自己有在聽他說話，他看著高高在上的我們，只會覺得我們根本不重視他、遑論努力說要理解他的那些話。再舉一個例子：專業人士在辦公室訪談受虐兒時，若只草率地將孩子安置在辦公桌另一頭，可能會讓孩子覺得自己完全不被理解，使得訪談一開始就註定一無所獲。若改用適合孩子年紀的桌椅（或純粹將普通椅子墊高），讓孩子能與自己平視，孩子會感受到大人為了配合自己所付出的努力，安慰過程就能有好的開始。此外，為了避免不必要的誤解，還得視孩子狀

27. 1958, 1971.
28. Romano, 2015b.

況稍做調整，以求在心理上也能與他同高。在孩子無法理解自己的遭遇而不知所措時，會從這些特殊的傾聽與對話方式，感受到其他人溝通時不曾夾帶的關懷。心裡難過的孩子常會在大人說話時，依然我行我素地照樣玩耍、畫畫、講些有的沒的，表現出「毫不在乎」的樣子，讓大人誤以為孩子不想聽，所以才一副無動於衷的樣子。有這些表現的孩子不是沒在聽，只是沒有表達自己的感受。因為孩子的表達方式與大人不同，在痛苦時更是如此。

正如前面幾個案例所示，孩子在痛苦時很少會像大人一樣用言語明確表達自己的情感需求，而是會用較安靜、間接、含蓄的方式，而明顯一點的會類似前面提過的外顯症狀，但直接尋求安慰算很罕見。

「安慰的藝術」在於「慢慢來、不著急」，不要做出將自己的期望和表象硬投射到孩子身上等的「侵擾」行為。「不侵擾」並非要放任孩子獨自面對痛苦，而是要冒險去接觸身處困境的孩子，嘗試解讀他的痛苦：一邊觀察一邊調整，加上無限的謹慎，向深陷困境的孩子表達我們的關懷，讓他知道自己並不孤單。比方說，「我看到你【描述自己的觀察】，覺得你似乎心情不好，但也許我猜錯了……你能跟我說說心裡在想什麼嗎？」與孩子分享自己的印象，讓他能反過來用他自己的話表達自身感受與經歷，而非將自己的印象強加給孩子。搭配專注的姿態、支持的眼神等小動作，告訴孩子自己與他同在，也願意配合他的節奏。

雙方關係處於稍不留意便斷裂的「情感過渡」（empathie transitionnelle）狀態下，安慰者得盡量避用某些無意間會把自己情緒強加於對方的措辭，才不會中斷與孩子的溝通。比方說：

- **包含預設答案的暗示性陳述**：像是「你在難過嗎？」孩子當然會有悲傷、疲倦、憤怒等情緒，但這樣的措辭是變相把自己的觀點強塞給對方；改說「我覺得你似乎在難過」，就變成是與孩子分享「我」的看法，讓他了解「我」只是在擔心他，而他也有機會說「我」猜錯了。

- **意圖淡化情況的措辭**：當孩子因為弄丟玩具而痛哭流涕時，別說什麼「沒關係」、「別擔心」、「你太誇張了」之類的話。孩子初嘗失戀苦果時，也不會想聽「下一個會更好……」之類的風涼話。雖然這些是安慰和表達善意常用措辭，但此時聽在孩子耳裡會覺得大人輕視、不理解自己的痛苦（誰會想去依靠光會講風涼話的大人），反而讓孩子更受傷。若換成以下說法會好些，「我知道你因為弄丟玩具而難過，我明白你的心情」，或「我知道你因為女友不愛你而難過，但你一定能克服過去的」（委婉地稱讚孩子的心理素質與處事方法）。安慰孩子並不是要避談其困擾、阻止他們訴說，而是要支持、幫助他們找到應對方法，比方說，「要怎麼做才能讓你好過些？」
- **一堆有的沒的、反正「都是為你好」的命令，或隨便的評論**：比如「你有權利悲傷」。自我感覺良好的大人常會以為這樣說有安慰效果，但落在孩子耳中只會覺得大人根本沒在聽自己說話。對於青少年來說，大人只是想用這些幾乎是自動重複播放的句子掩飾自己的無能為力。

如何協助孩子解讀痛苦？

雖然孩子們從小就能感受到生命中的無常、創傷、別離與死亡，但每個孩子的看法都不一樣，其理解也無法像成年人那樣透徹，即使產生反應障礙也可能不如成年人明顯，但這不代表他們不會因此受到影響，甚至創傷。

這些「生命創傷」帶來的痛苦有可能會伴隨他們成長，嚴重阻礙其童年、青少年、成人時期的生活，所以需要特別注意。為了生存，孩子需要父母（或其替代人）的庇護，然而在孩子經歷了相當難以承受的事時，身邊大人可能會因為忙著解決自己的苦惱，很難及時回神、陪伴在孩子身旁。

孩子們是天生的哲學家，他們對生活中未知的事物充滿好奇，但無法忍受任何不確定性，所以必須確保自己生活的規律性與連續性符合邏輯，畢竟這可是關係到自己生存空間的大事。然而當幼童認真對身邊大人說出自己建構的邏輯時，常會引來一堆驚嚇、激動，甚至不安，因為其觀點常常出人意料。孩子的好惡、善惡觀念其實很早就形成了，他們也自有多種邏輯來解釋生活中突然出現的事物。然而這些邏輯的共同點，就是自己該對那些事負責：若是好事，當然沒關係，但若是壞事，孩子則可能因過於愧疚而不敢說，直到被罪惡感壓垮。所以在安慰之前務必了解孩子的邏輯，才不會讓他獨自承受一切，認為那些都是自己的錯。

朱利安的父母在他六歲時離異。有很長一段時間，他堅信父母會分開是他的錯，卻一直說不出口。這份刻在骨子裡的內疚導致他行為漸漸脫序，到了青春期後，情況居然演變到得送急診。

瑪麗昂七歲時曾因嚴重的腳踏車意外，在加護病房躺了幾週。她當時年僅九歲的哥哥西爾凡自認該對這起意外負責，「因為我沒陪她去。如果我那時在的話，她就不會摔倒了。」

芬妮五歲時，她三個月大的弟弟意外猝死；她覺得弟弟死掉是自己害的，因為她說她不要這個弟弟。當了四年獨生女，全家人都繞著她轉，結果弟弟一出生就得把地位讓出來，深感被父母排斥、拋棄的她想著「若是弟弟不在就好了」。然後悲劇發生，弟弟突然不明原因猝死。她因此內疚多年，長大後演變成自我封閉，不斷傷害親人，甚至甩自己巴掌、割自己皮肉，多次嘗試自殺。到了青少年時期，她終於能用言語解釋自己的行為邏輯。「他的死都是我害的。只有在傷害自己時，我才會暫時忘掉這件事……我不能跟任何人說，若父母知道我這麼想，他們也會跟著這麼想。」

這些放任罪惡感蔓延的邏輯對其創始者來說是貨真價實的毒藥，孩子就是因為被羞愧與內疚壓得喘不過氣，才會毫無怨言、獨自抱著這種信念過日子，一抱就是數年，放任自己的心被逐漸啃蝕。要安慰他們不是一句「這不是你的錯」就能解決的，因為這句話相當於踢開他們為應對悲劇而設的心理拐杖。關鍵還是得去理解他們為何會那樣想，並引導他們吐露自己的內疚，而不用擔心失去大人的關懷與父母的愛。比如這樣跟孩子說：「當【事件描述】發生，有些孩子會認為這是自己的錯（言外之意是，我知道你的想法，而你也不是唯一一個會這樣想的人）。當我看到你自殘，我心想，也許你認為都是你的錯、你很內疚，才會做出那種事。你是怎麼想的？」這樣的交流方式可以將孩子拉出邏輯的束縛。當然他也可能會乾脆地否認或閉口不談。此時可別強迫他解釋，只要讓他知道身邊有大人，且願意嘗試理解他的心情。能在溝通中收到回饋，就已經算踏出安慰的第一步，因為這是孩子知道自己並不孤單的訊號。

二〇二〇年三月，瑪麗的外公驟逝。當時因新冠疫情爆發，能出席葬禮的人數很有限，所以當時七歲的她未能去送一直在她身邊的外公最後一程。葬禮當天，她送給母親自己的一幅畫，畫中描繪了「外公和她的狗狗在天堂相聚」。那隻於二〇二〇年一月走掉的狗狗是她的好友，自她出生起就一直陪伴她身旁，牠的離去對年紀尚小的瑪麗來說是很大的打擊。為了從兩次死別的傷痛中走出來，她只能盼望狗狗和外公能在天堂作伴。瑪麗的爸媽對此並非毫無意見，他們認為女兒應該也要懷念已過世的外婆，但外婆早在瑪麗出生前很久就過世了，所以她根本沒印象。瑪麗自創的邏輯不但讓自己心理上接受了外公的離世，也賦予相繼而來的兩次死別正面意義。她對外公死後世界的描繪主要是從這兩次死別等生活考驗悟出，而非從接受過的文化、宗教等基礎教育。

安吉洛四歲那年，其幼教老師在巴塔克蘭劇院槍擊事件中喪生，全班同學的生活因此變調。他雖不明白死亡的意義，但能感覺到周圍突然陷入絕望的氛圍。在與他那班孩子探討恐怖襲擊一事之前，我們試著先向這些幼童解釋什麼是襲擊和恐怖分子（terroristes），以便解釋這些行動跟孩子一般說的「打架」有何區別。此時安吉洛突然發聲，很自豪地告訴我們：「我懂了！原來這些到處製造悲傷（tristesse）的人就是悲恐分子（terrotriste）。」用「悲恐分子」[29]稱呼這些殺手，還真的只有孩子想得出來！孩子雖不像大人能從地緣政治思考，但在尋求真理的過程中，會將自己的洞察力反映在自創名詞上。

許多深陷痛苦的孩子會跟瑪麗、安吉洛一樣，自創一套能將已知線索和未知事物聯繫上的邏輯。他們會設法理解經歷過的事，並試圖透過情感之鏡找到能說服自己的邏輯，以應對當下考驗。當生活被創傷事件打亂了，就用自己的方式修復生活。孩子在很小的時候就有一種神奇魔力，能為自己經歷過的事尋求合理的解釋。出於對理解的渴望，他們堅持不懈地從自身累積的知識、聽到的隻言片語中分析，然後尋找已知與未知事物、安全與可怕事物、善與惡之間的因果關係。孩子很難忍受未知事物，編出這些有的沒的邏輯也是為了壓制自身因不理解而產生的焦慮。

每個孩子都是自身痛苦的主角兼旁觀者，他們得靠自己的身分、資源、優勢與弱點來應對生活考驗。所以他們會從周圍大人的表情、言語和姿態尋找可靠的人，讓自己在現在跟以後都不至於孤立無援。但若孩子找不到能（或肯）

解讀情況、安撫自己的大人，就得孤身面對這種未知的經歷。大人對事件的沉默會讓孩子以為其中另有「隱情」，而孩子對「隱情」的想法會隨年齡變化：起初也許只是羞恥或內疚，久而久之可能會發展成揮之不去，甚至阻礙其發展的心魔。要阻止這種心魔的孳生，就得允許孩子表達自己的想法，不要讓他獨自面對痛苦，方能讓「隱情」消散。

看到孩子在自己面前痛苦無助，一般人都會盡全力協助。而安慰孩子最務實的方向，就是協助他不被自己編造的邏輯擊倒。若能幫孩子把這些可能比現實還誇張的邏輯具體化，效果應會比讓他被動地接受現實來得好，當然實務上的做法得視年齡調整。幫助孩子將恐懼實體化，可以透過畫畫、黏土、書寫、

29. 編註：這是兒童創造的新詞，由恐怖分子（terroristes）與悲傷（tristesse）組成，帶有雙重含義，既指恐怖分子，又強調他們帶來的悲傷氛圍。

製作面具等方式，或者將不同顏色的彈珠放入瓶中來表達恐懼的程度，甚至讓孩子親手製作一個「惡夢網」等，並且（這個「並且」非常重要）嘗試與孩子一起想出處理恐懼的方法。若只給他一個現成的解決方案，他就不太可能多投入，但若方法是他自己想出來的，他會比較願意做，成功機率也會提昇。舉幾個例子：孩子將恐懼畫出來後，他可以再畫個監獄把恐懼關起來，或是整張圖撕掉；若能用黏土捏出恐懼，就再把它捏成其他的東西，或乾脆一搥毀掉；若將彩色彈珠放入代表恐懼的瓶子內，那他可以把彈珠放到另一個代表幸福的瓶子等。總之，安慰的至高原則，就是讓孩子正面對抗痛苦背後的去主體性事件，並允許他吐露自己的感受。讓孩子脫離被動模式，不因自己的感受而羞恥，可以幫助他們對抗這種「無歸屬感」，進而面對生活中的挑戰。比方安慰哭泣的孩子時，不代表就得說「這麼大的人了還哭」、「光哭有什麼用」、「哭了反而親痛仇快」之類的話來阻止他哭或希望他別哭。因為給對方悲傷的權利也是一種安慰，所以大人此時可以這麼跟孩子說：「每個人都能用自己的方式發洩情緒，有些人會哭，有些人不會。」或者只要把孩子抱在懷裡就好，用最簡單的肢體語言告訴他「我在這」就能讓他感受大人的存在。安慰孩子不是要幫他「對抗」煩惱、痛苦或艱難，而是要協助他運用其資源來克服難關，且不以自己的感受為恥或為懼。至於實際該怎麼做，方法多到數不清，畢竟每個孩子都是獨一無二的。有時也可以試著跟孩子交談，簡單地問「要怎麼才能讓你好過點」之類的。若孩子在父親剛過世時回答：「我只要爸爸回來。」那可以簡單告訴他：「沒錯，若能那樣就好，但這是不可能的。所以，你要不要想些、做些爸爸生前喜歡的事，也許會有用，你覺得如何？」

孩子不跟隨周圍大人的節奏，是安慰孩子常會遇到的困難。有的孩子可能會在大人沒空理他時尋求安慰，但在大人有空時卻又不想了。其實，這可以直接問他需不需要安慰就好，並強調不管他怎麼回答都沒關係，大人一定會在他身邊。例如：「你要自己靜一靜還是讓我陪著你？」若大人覺得自己嘴笨講錯話時，也可以對孩子說：「我剛剛可能說了【傷到你／不該說／沒用】的話，我很抱歉……我只是想讓你知道我在你身邊。」孩子聽了大人誠心表達的感想，就會明白對方正盡力支持自己。雖然很多時候孩子會聳聳肩，或尷尬地說「沒關係」，委婉地表示大人之前試圖安慰的行動的確不當。然而安慰若能進展至此，對修復其人際紐帶已有很大的幫助。

時時調整教養的方式

從孩子的高度來看，安慰沒有大小之分，大人眼中的小事對孩子來說未必算小，前面也看了不少相關案例。由於我們不可能為孩子創造出一個永久與世間挫折隔絕的空間，大人也總有無法及時安慰孩子的時候，所以得傳授孩子應對挫折的方法，包括理解自己的感受，並根據一些特徵來解讀自己接觸到的事物。二〇一五年發生了幾次震驚全法的恐怖襲擊，二〇二二年二月又爆發了俄烏戰爭。許多父母都想保護自己的孩子免受種種駭人消息影響，某些家庭還排除萬難關掉電視跟收音機，甚至停用手機或平板。但孩子也有家庭外的社交生活：一開始是托育、幼兒園、學校，再來是課外活動、交男女朋友、拜訪對方的親朋好友。父母或許可以（或自以為能）掌控自家內的事，但出了家門就管不到了。

若父母沒有傳授孩子任何探索外界的方法，只一味禁止孩子碰這碰那，那孩子一旦抓到機會，就會不惜違背禁令去接觸那些禁忌內容。反抗雖是許多父母的焦慮來源，但不服從和違背有助於孩子的人格塑造，這是成長與逐漸從父母身邊獨立的必經過程。因此，若在媒體不斷發送駭人新聞之際，只把孩子鎖在家裡，試圖斷絕與外界的一切接觸，而非傳授他們應對方法，那根本稱不上保護。在這種焦慮的氛圍下為孩子提供建設性資訊，並非得在客廳牆上貼滿戰爭照片，或是強迫他看著電視一再重播的殘酷影像，更不是不事先預告他可能會在外頭聽到或看到的事。

教孩子解讀看到的影像、聽聞的資訊，才能幫助他們應付生活中的苦難與考驗，達到保護的目的。不管孩子感受有多糟，都能學會管理、調節自己的情緒，才是最重要的事。只是作法上注意別脫離「全有或全無」法則：既然要放手讓孩子獨自面對其情緒，就不要強迫他說出自己的感受；若已經盡可能讓孩子安全，就不要再拚命向他灌輸外界有多危險。現在許多父母因心理上的不安全感，造成親子關係脫節，難怪「高敏感」、「資優」、「早熟」的孩子越來越多，這種教育也能幫助孩子適應自己與他人的情緒，達到微妙的平衡。

珍妮佛十二歲那年，最好的朋友突然跟她絕交，還說了一大堆難聽話。完全不懂為何會這樣的她，向父母傾訴了自己的痛苦和幻滅。當孩子長大、逐漸脫離父母獨立，為補償自己失去的理想關係，常會從他人身上尋求慰藉：既然我不能獨占父母的愛，那我總能獨占別人的愛吧！青少年對群體的看重程度反映出他們多需要來自家庭以外的認同，但任何關係都可能會出現緊張、失望、敵對、衝突等狀況，珍妮佛嘗到的則是既痛苦又受傷的滋味。父母要想安慰她、減輕她的痛苦，可以教她理解人際交往會遇到的種種狀況，並意識到這次經驗也是轉機，正好能改進缺點，以另種更沉穩的形象示人，也就是越來越像個大人。

安慰孩子，代表能讓孩子表達自己的感受、暢談造成該情況的可能原因，不用擔心雙方關係會鬧僵，甚至斷裂。每一次失望都會帶來一定程度的情感損失，但任何情感損失都是重整情感的契機。若兒童或青少年有足夠的情感立足之地和自信，雖然有時會失衡，但不至於會演變到全面翻覆的境地。大人得讓孩子知道，生活就是與不同人的相遇組成，既然人都會成長，那人與人之間的感情會起變化也是很正常的事。然後孩子就會逐漸理解，獨占的愛會給自己過於依賴他人的風險，進而妨礙發展自己的人格，甚至無法獨立自主等。

不管大人有多愛自己孩子、親職方面表現有多出色，孩子能培養出多少自信，端賴大人看待他的方式。對孩子有信心，代表能坦白向他指出可能會遭遇的失敗或困難，即使他當前看不出來。要避免孩子在面對考驗或痛苦後站不起來，大人得儘快說些能鼓舞、激勵孩子的話，而不是急著評判或貶低孩子與其表現。

已經國三的喬丹預計學年結束時可順利拿到文憑。他的總成績為九／二〇[30]，勉強落在中間，但他依然是笑口常開、生活幸福的少年。朋友眾多的他有參加幾種體育活動，身為教師的雙親也鼓勵他多方嘗試。雖然是獨生子，但一看就是充實、活力滿滿的青少年。同為國三的馬克西姆成績也差不多，父母也都是教師，但個性完全不同：悲觀、孤僻、朋友很少，對任何事都興趣缺缺，也是獨生子的他，對拿到文憑後要幹麻一無所知，更何況是高中生活。

兩個學業成績相近的少年都拿到國中文憑、都想要尋找未來方向，兩邊家庭的社會地位也差不多，但經歷卻天差地別：一個似乎毫不受學業成績低於平均的事實影響，但另一個卻相當絕望。在跟他們以及雙方父母交談後，我們觀察到他們在其雙親眼中的價值是不同的。喬丹並沒有因為他的成績差就被貶低，父母優先考慮他生活的平衡，並因他有豐富的社交生活和多種興趣而安心，因此喬丹能根據自己的個性、資源與侷限，計畫自己的未來。馬克西姆的情況則截然不同，他的父母也說自己很愛兒子，並擔心他的未來，但他們卻只看成績，彷彿成績差就等於孩子差。他父親指出，馬克西姆「身為教師的兒子」成績卻如此糟糕，使得別人認為他父母很失敗，這讓他們在養育子女的過程中受到創傷，並因自己兒子不優秀而內疚，也因失望而看不清兒子的全部潛力，遑論鼓勵他，就像被卡在成績單標註的平均水準線上。

而喬丹的父母有能力安慰他，在他作業不合格時鼓勵他，但不會讚美其失敗或鄙視其成績，雖然有基本要求，但都是出於善意。而馬克西姆的父母卻做

30. 編註：在法國，學科的採計標準一〇／二〇為及格。

不到這些，只會回以懲罰、一連串的抱怨和責備，並用貶低和施壓的措辭，比方說「你這輩子都不會出人頭地」、「我們現在還能拿你怎麼樣？」、「你丟我們的臉」。馬克西姆的處境反映出其父母親職能力的殘缺：在社會過度重視課業的壓力下，他們無法再鼓勵自己的孩子，也無法向他提出任何建設性和正面的評論。任何孩子都不該只看其成績決定價值，很多學業上不出色的人在進入社會後依然能大放異彩，所以那些該死的數字不能代表孩子本身。

安慰孩子不但得賦予他信任、讚美、鼓勵、情緒認可，還得教他如何解讀自己所經歷的事，並理解其意義。支持與激勵孩子，且永遠別貶低、評判他，就是孩子心理受傷時的處理原則。父母要能及時安慰孩子，就得一天天調整自己的教養方式。當前和未來要做的，無疑是充分了解孩子、了解其才華與侷限，適時提供支援，不讓他獨自奮戰，尤其不要把自己的不確定性加諸到孩子身上。因此，支持父母、支援其親職實踐，使得孩子能得到足夠支援與安慰，就成了相當重要的關鍵，這需要每個人的通力合作（而不僅僅是專家）：各司其職、互相尊重，共同為孩子打造新的心理安全基石，除了彼此保持聯繫，也得與孩子建立聯繫。

共同安慰的平衡

父母、老師、教育工作者、照顧者在孩子生活中皆佔有特殊地位，能在孩子痛苦時發揮一定作用。但他們的角色性質還是有決定性的不同：在面對孩子的痛苦時，父母是沒得選，一定得去處理，而老師等專業照顧者則是根據某些規則，決定誰要去協助、教育、照顧孩子。當然看到孩子痛苦，每個人都會嘗試以自己手邊的資源介入。

然而，這種事多會帶有滿滿的情緒，孩子的痛苦也常會讓大人疲憊。在無力感驅動下，介入的大人們可能會無意間做出得罪彼此的反應，但那其實只是一種避免自己喪氣的心理防禦。比方說某個大人提出的意見和建議被另一個大人說沒用，甚至直言批評：「她幹麻跟你說這些有的沒的？」排擠其他與孩子互動的大人，會在無意間讓孩子感到不安，但聽到他人跟孩子說了些不甚恰當的想法，通常也很難不直接跟孩子說。

若想維持安慰孩子、恢復信任紐帶的動力，可以用「我」跟孩子強調是個人觀點。比方說：「你跟老師說你很傷心，因為同學不想跟你玩，她卻說你已經不是三歲小孩，所以這對你來說沒什麼。然而我並不認同她的意見，也許她只是剛好在忙，或是沒理解你的意思，但對我來說，重要的是你有勇氣跟她說。我知道這讓你很受傷，被同伴排擠是很痛苦的事。」

共同安慰孩子時，若父母跟介入的大人之間意見衝突，可能會使情勢變得相當緊張。比方說，苦惱的孩子常常既不願向父母傾訴，也不尋求安慰，原因可能很多：父母在孩子需要自己時缺席、孩子怕父母傷心、孩子發現父母在忙沒空或覺得父母已經夠煩了，所以不想多說以免他們更煩等。有時孩子的痛苦是因為自己沒聽爸媽的話，怕說了會被罵或被罰；有時則是因為孩子不信任父母，所以不想說。當父母得知孩子第一個尋求安慰的對象不是自己而是他人，可能會覺得自己為人父母的地位被搶了，進而痛苦、對孩子產生誤解，甚至憤怒。很多父母常會一再抱怨：「他怎麼什麼事都不告訴我？」、「為何他情願跟外人講心事也不跟我說話？」正因孩子會向父母圈子之外的人尋求安慰，所以每個大人都有可能在安慰過程中出一份力。但大人彼此之間很難達成共識，也無法預知對方正在採取什麼措施來避免孩子在困境越陷越深。像學校原本該是孩子與父母之間最有力的中介，但由於教育人員大多缺乏兒童創傷方面的專業，使得它可能成為孩子根本得不到安慰的地方[31]。

31. OCIRP與IFOP針對喪親學生和學校進行的研究：https://www.fondation-ocirp.fr/ressources/nos-dossiers/ecole-et-orphans/。

如何安慰我們的孩子？

Consoler
nos enfants

舉一個常見的情況：班上有學生的父母或手足離世，結果老師擅自告知全班同學。明明失去至親的孩子與其家人並沒提出任何要求，但自我感覺良好的老師認為只要讓全班知道，就能激起其他同學的善意與同理心，同心協力安慰他。但正如前面一再強調的，孩子面對死亡時的表現與成人截然不同，不是一副漠不關心的樣子，就是因過於害怕「沾上死亡」而保持距離。因此他們可能會因內心對死亡的恐懼而說出傷人的話，甚至做出攻擊性的舉動，完全達不到安慰的效果。許多喪親的孩子表示，回歸日常生活、照常上學能幫助他們應對悲傷。然而，當他們去了學校才發現，全班甚至其他人都知曉自己的私事，被迫面臨這種處境對他們來說反而比較殘忍。

雷米九歲時喪父。現已成人的他表示：「我的生活、我從前的時光彷彿突然被掠奪一空。本想照常去上學，卻發現老師跟同學都用奇怪的眼神看我，原來他們都知道我父親過世，所以在他們眼中的我不是『同學』，而是『孤兒』，這種目光真是太讓人難受了。」

埃斯特八歲那年，六歲的弟弟因嚴重車禍住院，她也覺得生活像被掠奪一空：「那時候很煩，大家都只會問我弟弟的事，我好像只是弟弟昏迷中的代言人。」

辛蒂國三時因自殺未遂而住院兩個多月，她在學校並未表現出異常，只有家人知道。然而在她要重回校園時，班導師沒與任何人商量，就逕自在上課時宣佈辛蒂要從精神病院出院、返校上課，並請大家照顧她。返校後，這個年輕女學生被孤立、嘲笑，並遭受諸如「瘋子」、「你該留在瘋人院」之類的言語攻擊。她的父母跟校長反映、要求班導師說明。然而班導師並沒預料會如此，他只是出於善意想讓同學更注意一點，但卻事與願違。

十三歲的西奧與他懷孕初期就被生父拋棄的母親相依為命。上幼兒園時，老師讓每個孩子畫出自己的家庭：「大家畫的樣子都不一樣，有的孩子把父母都畫出來，雙親離異的就會畫兩個房子，有的還有好幾個孩子。而我畫的圖只有我跟媽媽。老師說：『啊，你好可憐，家那麼小……』自此我開始意識到自己與眾不同，尤其感受到周圍的空虛。我當時很害怕，心想若母親也離開我，我就會孤單一人，不像其他人家裡還有很多人。之後幾個月我惡夢連連、恐懼感揮之不去，最後不得不去看心理醫師，持續治療了好幾個月。」

缺乏生命教育和兒童心理痛苦方面訓練的教育人士常會造成上述情況。他們大多數都認為自己沒錯，只是沒站在孩子或其父母的立場思考，但他們卻沒想到其他學生可能會被資訊傳遞過程瀰漫的情緒淹沒，尤其是怕自己也遇到同樣的事，所以更多的反應是排斥，而非支持受苦的人。成年人常會覺得孩子這種態度「很沒良心」，但孩子不是沒心沒肺，而是大人自己說的跟做的太不一樣，所以孩子只好採取防禦性反應，排斥那些擾亂其平衡與信仰的人。

若要避免校方因不當措施造成孩子長遠影響，甚至為他招來惡意攻擊或霸凌，方法很簡單，詢問孩子及其父母該怎麼做，並尊重其意願。無論如何，未經有關人員（學生、教師）討論和達成共識，切勿干預私人生活。

共同安慰意味著父母或主要安慰者接受他人的協助，但雙方若缺乏互信，就無法同心協力。雖然他人介入有時能提供喘息的空間，但也有些人會將之視為對自己能力的否認，甚至可能將情緒發洩在尋求外界幫助的孩子身上。特別是在承受巨大的悲傷與痛苦時，已經精疲力盡的大人會更難以承受個人和人際關係上的心理變化。

克萊門特（十歲）和露娜（七歲）的母親坦言：「在他們爸爸騎摩托車出車禍後，只要回到家看到我媽在那，就會跟她發脾氣。我受不了她在我面前抱著孩子哄，明明我才是他們的母親。聽起來很荒謬，但那一刻的我已經不再是我自己了，我好緊張，好累……我記得她只是說了我說不出口的話。雖然她只是想幫我，但看在我眼裡，她好像在跟我搶孩子。實在受不了的我只能對她大吼，重申他們是我的孩子，她可以走了。我們花了幾個月才將兩邊已疏遠的關係重新拉近、再次交心。她只是跟孩子說她在他們身邊，他們想說什麼就說，她會好好聽（好像我不存在），但我卻用那些難聽話將她趕出去。」

共同安慰的大人得找出一個平衡點，並始終將待安慰者的需求擺在首位。不管是單人還是多人安慰，其最終目標都是不讓孩子獨自對抗痛苦，並傳授他應對方式。「多重安慰」可以透過大人接續努力完成，也可藉由集體合作實現。比方說，當孩子失去雙親其中一方，另一方可通知學校關懷孩子，並提醒校方不要擅自行動或發表不必要的言論，以免孩子因喪親受污名化。集體安慰有時還會演變成大型活動，其中一種就是所謂的「白色遊行」。史上首次白色遊行是於一九九六年十月二十日的比利時舉行，群眾聚集在布魯塞爾以支持遭受戀童癖犯馬克．杜特魯（Marc Dutroux）殘害的家庭。從那時起，就不時有人為了集體聲援受害者家屬而組織類似的遊行。然而這類活動也有一種更崇高的目標，就是團結起來、一起對抗悲劇造成的無力感，進而修復受損的集體凝聚力。這樣既安慰了個人，也安慰他所屬的群體。

默哀一分鐘[32]也是種集體安慰形式，以六十秒的沉默和靜止表明對受害者親人與無法發聲的死者的敬意與支持。

儀式（不分宗教或世俗性質）亦是種安慰個人和群體的方式。藉由正面對抗事件後的無歸屬感與無助感，讓大眾一同理解情況、共同面對。這些集體安慰活動也能加強群體內的互動，有助於安慰或預先安撫後續接踵而來的痛苦。

大人有時能為即將到來的事件預先準備，以避免慘痛後果，但這對孩子來說不容易。以遷居為例，大人擁有必要的認知和情感資源預測之後會發生的劇變，但孩子不行，尤其是幼童。父母可以先評估孩子可能要告別的人事物（生

32. 以沉默為一或多個死難者哀悼（並非都是六十秒），這是種取代宗教儀式的世俗哀悼方式。最早的集體默哀可追溯到十八世紀，但此類致哀活動是在一戰後才明顯大量出現。

活環境、學校、朋友等），然後在家裡或學校為孩子辦場歡送會，就像許多大人在離職時舉辦「惜別會」一樣。

CHAPTER 7

安慰，就是建構、維護、強化紐帶

信任自己、信任他人

孩子在心理受創後，生命會因此留下創傷，隨之而來的除了恐懼、羞恥、內疚等情緒以外，甚至還會喪失自信、無法信賴他人。因此，讓孩子恢復對自己及他人的信賴，也是安慰的一環。不過這可能要花點時間，尤其孩子未能在成長初期建構足夠的安全依存紐帶，使他更不容易平靜下來。

「自尊」和「自信」是應對生活困難的重要儲備資源。兩者雖常被視為同義詞，但其實有根本上的差異，在此釐清一下比較好。自尊是在充分了解自己的資源、能力和極限後，產生的自我價值信念。比方說，因為身邊有愛自己的父母與親人，所以知道自己值得被愛。孩子有了自尊，便能更了解自己、學會取捨，也能不懼他人反應地直言自己的感受與想法、知道如何獲得尊重。由於對未來充滿信心，所以會好好規劃。良好的自尊是能屈能伸的，例如競技跟友誼維持需要高一點的自尊，但身為學生時得放低自尊方能虛心求教。自尊是建立在與親人的關係紐帶上，與父母的紐帶尤其重要。當父母能親身參與孩子的童年各階段並以他為傲，讓他知道有人愛自己、信任自己，孩子就能肯定自己的價值、培養出好的自尊，所以父母的積極關懷與適時讚美很重要。父母（或教師、教育工作者及其他已成年家人）在孩子的自尊建構過程中，得扮演生涯導師的角色陪伴他、支持他，但不代替他行動。無論成功失敗、進展一如預期或出乎意料，都能為他解讀情勢變化。以你的孩子為傲、讓他肯定自我價值，不代表他做什麼事都要一味讚美。保持批判性審視固然重要，但要給意見就要給有建設性的，無論情況如何，都得給孩子基本的尊重。

市面上有很多親子教養書籍在探討父母該如何培養孩子的自尊和自信。雖然他們的見解都很不錯，但閱讀時需謹慎，實踐上也要把持有度，別將同一種標準硬套在所有孩子身上。每個孩子、父母都是獨一無二的，每個人情況也都不一樣。同一招對某些人有效，但不代表所有人都吃同一套。現在各教育單位都要求做一堆評鑑（例如，教育、管理和衛生等），大大小小的問卷、統計研究、方案、評估，甚至重複評估和其他標準也越來越多，大人光應付那些堆積如山的報告就已經心力交瘁。若累到無法思考就只能停止，用單純的條件反射性地面對眼前的混亂。如此演變下來，產生的後果就是無法再為孩子著想。現在為人父母已經很難了，社會卻為了避免出事而限制一堆，甚至沒搞清楚狀況就亂下指導棋。這些現象正反映出當前社會對孩子與童年的憂慮，使得親子關係建構過程中夾雜了懷疑、擔憂和疑問。沒完沒了地給孩子做測驗，將分數用疾病分類學那一套來推算出病名和障礙後，再讓他們做一堆有的沒的檢查，以便量身安排課程、規範他們的情緒與情感，之後繼續武斷地判斷其行為模式，甚至先入為主地給他們規劃未來。這些「常規」流程最後只能將孩子逼到死角，因為每個人的人格都是以無數的相遇與經歷塑造出來的多面體，自然不能用同一個模板硬套，適合某人的模板不一定能貼合其他人的需求。所以在與孩子建立關係時，得靈活地採用兒童照顧相關知識，尤其是在照顧心靈受創的孩子時。除非涉及到「家長評分」，也就是這績效將參考家長的反應來決定，否則請把這些知識當成「大方向」，而非該嚴格遵循的計畫。

父母要培養孩子積極的自尊，不但得在言語上多鼓勵，還得視年齡而定放手讓他們負責一些事，他們才會覺得自己值得信任。若遇到失敗、難關或犯錯，幫助孩子理解整個情況，並與他一起思考解決方案，進而讓他從困難和考驗中積極學習，對孩子來說就是很好的安慰。若孩子有幸從小就能有這樣的父母，那他在成長過程中將自動學會照這樣的邏輯與行為處事。

自信則更偏向相信自我價值、堅信自己有能力成功，這種信念是建築在良好的內在心理安全感上。這兩個概念算是一環套一環，所以常會一起出現。無積極自我形象的孩子很少有自信，而對自己信心十足的孩子往往有積極的自尊。自信與自尊是孩子在人生旅途上最基本的本錢，但培養起來總是充滿曲折與考驗。而從實務經驗來看，這兩項也是能否成功安慰孩子的關鍵。孩子能培養出什麼樣的自信與自尊，取決於大人如何看待他們。當孩子體驗到自己在世上並不孤單、大人值得信任的那一刻，自信就能瞬間提昇。

大人相信孩子、相信他的能力，就能賦予他無與倫比的生命力。當孩子從小就有滿滿的安全感、毫無被遺棄的憂慮，便會隨著成長逐漸感受到自己被尊重與重視。正如前面解釋過的那樣，孩子在很小的時候，就會開始將自身經歷的情感與情緒編織成信任紐帶，並吸取父母儲備的精神能量。這對他們的成長不可或缺，比起小時無法建立信任關係，或稍大才與人建立互信關係的孩子，早早就知道父母與大人可靠的孩子會更容易安慰。當父母因面臨生活考驗無法陪伴孩子時，也可以讓其他大人接手幫忙，之後再找機會「修補」早前被破壞的紐帶[33]。

修復紐帶與互相理解的重要性

為人父母是場奇妙的冒險，每天都有不一樣的挑戰。而當今社會給父母的壓力又是前所未有的大，無疑增加了挑戰的難度。很多成年人沉浸在「不惜一切代價讓孩子幸福」的幻想中，一旦這樣的幻想破滅便受到很大的衝擊。大多數大人和父母都想給孩子最好的，並竭盡所能保護孩子遠離生活中的種種困難和痛苦。然而，若想成為伴隨孩子一生的完美父母，並提供無微不至的照顧，那就太不切實際了。社會對理想父母的要求在許多報章雜誌隨處可見，父母若無法一一滿足，最終只是招致失望，而身為這種自我滿足根源之下的孩子，往往會最先受波及。孩子不符合大人的期望，就只能令大人失望、無力。此時不管孩子向大人提出什麼需求，被拒之門外的機會就很高，尤其是安慰。因為他不能滿足父母，讓他們成為當今社會父母的表率。二十一世紀的孩子雖是順應父母的期望而生，但也成為權力爭奪、政治角力、商業與各種貪念的目標。這

33. Cyrulnik, Delage, 2010.

些虎視眈眈的眼光看的不是孩子本身，而是孩子背後的象徵性。

生育機能正常的夫妻，要生兒育女並非難事，但為人父母就是另外一件事。光是將自己和孩子的名字寫在出生證明上，並不能讓自己瞬間變成符合心理學意義的父母。孩子要的是被保護與看重，而不是單單承受父母合法性帶來的負擔。光有愛還不夠，有些以愛為名的行為反而會嚴重阻礙孩子的心理發展。

在安慰過程中，務必要讓孩子明白大人的侷限。不要盲目地辯解，也別無理取鬧、硬跟孩子比誰天真，只要乾脆地承認自己的笨拙及不經意的行為可能會傷了孩子，並讓他知道，那時大人並不知道他在求援，或是知道但被迫缺席。有時簡單表達歉意就能達到不錯的效果，別忘了搭配主詞「我」來重建與孩子的紐帶：「我希望你能原諒我」、「我很抱歉」、「我只是想告訴你，我有多遺憾」、「我希望你能原諒我犯的錯」。雖然孩子沒有義務非得接受道歉或解釋，但這樣低姿態的說話方式，多少能修復雙方因痛苦與被背棄而受損的信任紐帶。一項鎖定曾遭近親性侵、長大後為人母的科學調查[34]指出，最能讓受害人撫平此幼時創傷的方式，不是讓加害人被判處極刑，而是加害人主動為犯行道歉。

艾琳現年四十一歲。在她差不多六歲時，哥哥企圖性侵她，而他們的母親完全知情。「當時她雖然看到哥哥壓在我身上，而且我在哭，她還是給我們兩相同的處罰，還說『兄妹之間發生這種事很正常』，要我不准說出去。所以我沉默了多年，直到明白沉默是毒不是金。後來我經歷了惡夢般的青春期，感情生活也跌跌撞撞。我因為害怕同樣的事發生在下一代身上，不敢生兒育女。這些年來，我們被迫湊在一起演戲、假裝家庭美滿，每次看著哥哥和他的妻兒，

34. De Moura Freire, Scelles, Romano, 2014.

我都得憋著什麼都不能說。在我四十歲那年，我決定和哥哥敞開來談。一開始我不知如何起頭，所以我只是簡單的說想跟他聊聊童年的事。然後他主動開口，說他清清楚楚記得自己對我做過什麼，甚至是我已經忘掉的部分，然後說他很抱歉，並請求我的原諒。他眼裡含著淚，我相信他是真誠地道歉。然而，我說我永遠不會原諒他，因為那件事毀了我的生活，但他方才的話有感動到我。寬恕對我來說，就像抹去一切並將事情就此遺忘，當它從未發生，我做不到。不過這次交談使我平靜了很多，也讓我想通很多事。我跟哥哥說，每次見到他都讓我想起過去，太殘酷了。他向我道歉並詢問他能做什麼，我回答我以後不再參加家庭聚會了，因為太難受了，他則說他理解並尊重我的選擇。這些簡單的話確實安慰到我，這還是我第一次感受到哥哥的尊重，他說他很抱歉。終於有人重視我的想法了……不過其他人並不這麼想，因為之後我也嘗試跟母親談那件事，她的話又一腳將我踹入深淵。我還寧願聽她說她不記得了，但她則說：『幹麻還要提那些老掉牙的破事？都過三十多年了還沒一點長進？』她既沒後悔，也不在乎我的痛苦，還惡人先告狀，把責任跟錯誤推給我。毫無同理心，只為了顧面子要我別說出去，跟以前一模一樣。當我跟她說決定不再陪她演戲、不再參加家庭聚會，因為對我來說太沉重時，她則對我大吼大叫，說我讓她生命最後幾年不得安寧，生我這個女兒一點用都沒有、真是丟臉等等。我很傷心，連哥哥都能認清事實來緩解我的痛苦，但我的母親用幾句話就抹煞掉他給我的安慰。」

貝韓潔現年七十歲，她認為自己算是「活夠本了」。但在看過一部關於近親性侵的紀錄片後，她終於提起勇氣寫信給四十六歲的女兒，告訴她自己多後悔沒去了解女兒小時候發生的事。貝韓潔寫信並非要為自己辯解，只是想跟女兒解釋當年自己沉默、不保護她的原因。這封信對她女兒來說有如「解放」的樂章。她的女兒說：「雖然過去的事不會因此而抹消，但至少可以期待某些事情在未來或許能成真。我覺得自己終於有媽媽了……雖然有點晚，但遲到總比不到好。」

安慰通常得謹慎進行，畢竟被安慰者得花時間與可能未曾蒙面的「另一位」建立聯繫。在虐待等暴力事件中，若沒「另一位」介入，孩子就沒機會再被當成獨立的個體看待，甚至會被本該保護他的群體排斥在外。曾試圖殘害孩子身心，甚至性侵的加害者，不是基於法庭辯護策略或律師示意下做做樣子，而是主動、真誠地道歉，相當於承認自己犯下的事有多嚴重。雖然道歉不會讓犯下的罪行一筆勾銷，但加害人會因此意識到孩子也是個人，其生命也很寶貴。知道自己的確犯了罪，就能坦然接受法律制裁。至於是否接受那些解釋與道歉，當然由孩子決定，即使他已經長大成人，其他人都無權對其決定指手畫腳。

三十歲的索菲亞自從兩年前兒子誕生後，就沉浸在痛苦中。雖然身旁有丈夫、兒子和朋友相伴，也有相當不錯的工作，但都沒能將她從痛苦深淵中拉出來。她描述了在兒子出生後，如何被「海嘯」般撲來的悲傷所淹沒。「剛開始我以為是荷爾蒙導致，然後我做了很多關於我父親的惡夢。父親在我十歲那年因腦瘤去世，但母親從未向我說明。父親出院返家隔天，我就被送到同鎮的阿姨家去住，沒人告訴我原因。我只能每天回家一趟，跟父母與不用換地方住的哥哥打聲招呼。印象中，父親在這段時間都是躺在客廳的醫療床上，看起來很虛弱、無法言語。我應該要早點明白事情有多嚴重，但沒人跟我說，當時我也認為不問才能保護自己。本來預計會住在阿姨家一年，但住了兩個月後，父親就過世了。那天阿姨跟我說：『結束了，他走了。』就這樣。我見不到他最後一面，連葬禮都去不了，因為母親不准我去。我把這些悲傷當成永久廢棄物般小心地埋在內心深處，打算一輩子都不去碰。我對母親非常不滿，因為她奪走了我跟父親最後的相處時光。不論是當面跟她說還是寫信，她從未表示過歉意：不是堅持自己當初沒做錯，就是找理由搪塞，反正就是蠻不在乎。她自認已經盡力了，還怪父親自己先走，丟下兩個小孩給她養，說出的話簡直沒法聽。我就這樣帶著滿腔的痛苦與憤怒長大，然後搬到法國另一端，能離她有多遠就多遠。在兒子出生後，我非常高興，希望他能認識外公，但這並不是讓我崩潰的原因。有一天，母親來看我們，我問她把父親的骨灰撒在哪了，因為我想也許某天我的兒子會問我外公在哪。我們家之前從未談過這個禁忌話題，所以我和哥哥都不知道她把骨灰放哪了。我還記得她邊搖著我兒子邊說：『好啦，我在搬家時把它扔掉了……』強烈懷疑自己聽錯的我又問她一次，但她說確實在搬家時將父親的骨灰罈扔了。那時，驚呆了的我回過神後怒罵她是個瘋子。她只是不斷重複說著，自己是從透天房搬到小公寓，哪能留那麼多東西，還說我應該要諒解。從那天起我就感覺很糟糕，非常糟糕。」

文森出生後兩天，他的母親因大出血在產科病房過世。他的父親雖悲痛欲絕但還是顧慮到孩子，在喪事期間將他託付給教母。十七年後，文森長成了一個身高一百八的少年。他喜歡運動、朋友多、成績也好，看起來就是個健全發展的青少年，他父親怎樣也想不到有一天他會尋短。文森留下一句「我去找媽媽」後，便從住處大樓的六樓跳下去。好在他掉到其中一樓的遮陽棚上，只有手臂骨折跟多處擦傷，逃過一死。在醫院裡，文森拒絕跟無法理解他的父親交談。父親不斷地問：「我是少做了什麼？還是做錯了什麼？」妻子過世後，他密切關注了文森很長的時間，還拜託教母、阿姨、姑姑、祖母等女性親友幫忙。他指出：「我從未避談他母親的死。我一遍又一遍地重複醫生告訴我的話。他也知道他母親埋在哪裡，每年她的祭日，我們都會去墓園……我不懂……」文森在單獨面談時吐露了自己在青少年時期面臨的處境，特別是他的初戀。正值身分認同塑造期的他並未因戀愛而減輕焦慮，因為他想到接下來會發生的事。他說：「遇到羅米（他的女友）後，我們很認真地計畫未來。以後若我們同居、有小孩，她會像我母親一樣死去，我不要那樣。」文森試圖以自殺來逃避自己為理解母親之死而建構的邏輯。儘管父親已全盤交代，他仍堅信母親是因自己而死，所以他沒有得到幸福的權利。若有一天他愛的人懷孕了，她也一定會死。他認為這都是自己的錯，未能出席母親的葬禮就是最好的證明，雖然整個想法毫無邏輯可言。

然後，我們去問文森的父親，他說那時文森只有兩天大，不適合參加葬禮，但父子之間從未談過這件事。在跟兩邊分別協商多次，讓兩人充分表達意見並不用擔心他們會傷害彼此後，我們為他們安排了面對面的溝通。此時文森已經出院，完全康復的他非常直接地向父親表達了自己的憤怒，怨恨父親不安排自己出席母親的葬禮。文森的父親事前已知會講到這事，於是靜靜地聽完這些怨言。這位父親本可以回答：「聽著，你當時還是個嬰兒，不該出現在這種場合，如果讓我再選一次，我還是會這麼做。」就像許多大人在被孩子的怨氣逼到走投無路時的反應一樣。但他明白，為了安慰兒子，有必要解釋清楚與葬禮相關的事。父親以顫抖的聲音表達了歉意，說明當時因為聽了人們的建議，以為不讓文森出席才是對的，但沒有要趕他走的意思，他不需要為母親的死負責，全是因為聽了各方的建議，才將他託付給了教母。然後父親說了一句很重要的話，「聽了你今天跟我說的一切，我才明白你在生我的氣。我很抱歉讓你以為我在排斥你。對不起。」他的父親還說，當初將孕婦手環和文森的照片一同放進了棺材裡，讓他以這種形式陪伴母親。

CHAPTER 8

如何陪孩子走過生死課題？

Consoler
nos enfants

在孩子可能會經歷的諸多考驗中，有一種是所有人生來就躲不了的，那就是死亡。一個生命的存在，還有因它而有意義的所有事物，都會因這兩個字的到來終止。意識到終將難逃一死，會有害怕、恐懼等情緒很正常。雖然有些人號稱長命，但對於已經存在幾十億年的地球來說只是一瞬，就像剛落地就斷氣的嬰兒般。雖然死亡是人生必經過程，但現今社會卻比以往更忌諱。在宅過世的越來越少，在醫療機構的病床上往生才是常態。葬禮則越來越精簡，遺族也無處抱怨。在法國法律規定，勞工結婚能請四天婚假，但喪偶只能請三天喪假，社會很明顯不給人沉澱痛苦的時間。

雖然大多數人平時不太重視這種不起眼的小事，一旦被迫親身體驗，便能了解個中滋味。經歷過至親過世的成年人都知道，死亡（或得了不治之症）不但是相當痛苦的打擊，還會給生活帶來永不磨滅的傷痕。「天塌了」、「世界瞬間就變了模樣」、「宛如活在惡夢中，一切都毫無意義了」、「一切都凍結了，我再也聽不到旁人的話，世界彷彿在我聽到兒子去世那一秒就被定格了」、「我不敢相信」、「宛如跌入萬丈深淵」、「不會的」、「沒人能懂我的心情」……從這些喪親者的心聲，可看出死亡蠻橫地將生者與亡者分開，自此陰陽兩隔。

死亡，對孩子來說也是切身的痛

人人都怕死，至親過世的噩耗對大人來說也是沉重的打擊。面對這個措手不及的重創，許多大人只能用一些半催眠半洗腦的神奇邏輯說服自己，孩子不會被噩耗波及，諸如孩子不像大人能理解死別，尤其是幼兒，時間一久他們就「忘了」，所以「沒必要跟他們說」之類的。但許多在童年喪親的大人坦言，他們當年不但因親人離世而痛苦，周圍大人的不當反應也讓他們多一重痛苦。

一個病童告訴我們「死亡是生命的終點」，還有沒有更簡單的講法？或是更準確的形容？畢竟根據我們有限的知識，死亡的確是生命的終點。雖然人類的生死觀會因文化和宗教不同而異，但有個道理是全世界通用的：當親人死去，就無法像生前那樣與我們重聚[35]。大人會在成長過程慢慢內化這個嚴酷的現實，但還沒長大的孩子不行，尤其是幼兒。孩子雖無法像大人那樣理解死亡，但能用自己的方式感受、認識死亡。若大人一味避談，只會加重孩子的好奇心。「你會死嗎？」四歲的喬伊這樣問他的奶奶。六歲的辛蒂在得知姨婆去世後，淚流滿面地向母親說「我怕你也會死」。孩子會問這些問題，代表他們的認知與情緒發展已有一定程度，所以此時該怎麼回答好呢？「不，我不會死」這樣嗎？這話講太滿了……「我還年輕，所以不會死」可行嗎？這種回答也許還過得去，但孩子稍微細想就會察覺漏洞，看出那只是大人一時不知如何回答而在情急之下脫口而出的托詞。若孩子深信不疑，可能會因為想逃避老邁與死亡的命運，希望回頭當嬰兒而不想長大。若孩子發覺父母在騙人，他會很難相信父母「這麼說是為了他好」。

由於時時刻刻都得應付社會壓力，父母不能輕易表露恐懼等情緒。好在世上沒有完美的父母，每個人只要盡力而為就好。學會相信自己，才能對生活充滿信心，這是孩子成長過程中不可或缺的養分。

大人若不想淪為孩子眼中的「不良」父母，便得與孩子建立起信任關係，那麼就從坦白自己的恐懼、害怕的事物開始，不用搭配什麼浮誇的演技，只要簡單告訴孩子自己不想死、想活久一點。因為人人都怕死，才要活在當下、好好跟自己所愛的人相處。此時，允許自己適度地表達情緒，能避免讓死亡成為禁忌話題，更重要的是要以此態度讓孩子知道，焦慮、恐懼、痛苦和悲傷都是能克服的，而這也是安慰的一環。

幼兒不知「死亡」為何物，那是因為他們沒經歷過，只有聽大人講過。大人對生理學與人體構造有一定的知識，所以知道「死亡」的意思，但對幼兒來說，跟「痛痛」等有具體經驗的詞彙相比，「死亡」就跟火星文一樣，所以聽

35. Hanus, 1994; Bacqué, 2000.

聞時表現會與大人相異。一項研究顯示，九至十歲的孩童若未曾經歷過親人離世，對死亡的認識會與成年人大相逕庭[36]。幼兒雖無法用感官來「感受」這種天人永隔，也無法理解其後果，卻能體會到前所未見、不知如何應對的強烈空虛。同樣是面臨殘酷的分離，青少年則有能力將自身感受與其他艱難經歷連繫起來，然後表達出來，賦予其意義。

幼兒多以為死亡會「傳染」（「爸爸死了，所以媽媽也會死」）、能挽回（一個吻就能讓公主死而復生；向耶誕老人許願，他就會把剛死去的妹妹送到耶誕樹下）、不普遍（不是每個人都會死）。這隨著孩子心理情感的發展與神經認知的成熟，甚至親身經歷死別，才會逐漸明白死亡不會傳染、不可挽回，也沒人逃得掉。

大人刻意忽視孩子對死亡的感受，除了一廂情願希望孩子多少能因年幼避開此人生重擊，其想法不脫以下邏輯：一來，只要孩子沒被影響，尚沉浸在悲傷中的大人就不用費力去安慰他們；二來，讓孩子繼續在美好、毫無痛苦的生活下成長也不錯。可惜沉溺在這種幻想只能保護大人自己，畢竟孩子是不可能避開死亡的。本書開頭就說過，孩子很小就會藉由觀察他人舉動來建構自己的邏輯，以解釋自己經歷過的事，進而找到自己在世界中的位置。當死亡降臨在身邊，他也會去尋求一個周圍的人能夠認同的邏輯。

死亡、疾病、生離死別，無疑會改變孩子與他人的紐帶，以及他看待自己與自己身體的方式、人生觀，甚至能慰藉他的事物也會自此改變。

當孩子經歷別離

安慰失去親人的孩子，方法亦得視死因、孩子與亡者的關係、孩子的年

36. Hanus, 1994; Romano, 2015a.

齡、文化、宗教信仰等資訊調整[37]。人死即是永別，所以在死訊來臨時很常聽到「他離開了我們」之類的表述。安娜・弗洛伊德曾說[38]，哀悼是「接受別離的心理工作」。別離是孩子生活中一定會經歷的事（成人亦然），包括脫離父母庇護長大、轉學、搬家等，都是種別離。當孩子與別離對象有深厚的情感，就得考慮要有「哀悼」的儀式。如前所述，幼兒由於年紀還小，認知成熟度有限，尚無法消化這種不可逆、永久消失的意思。等到孩子年歲漸長、逐漸內化此概念，才能對其意義有全面的理解：死亡，代表再也見不到亡者，再也無法與之聯繫。此類經歷別離後的心理闡述，常被稱為「哀悼工作」（travail de deuil），但通常亡者家屬不太喜歡用這個詞，改用「過程」（processus）會比較好，因為別離後是需要花時間適應的，不是只有接受而已。

喪親的孩子需要別的親人安慰、陪他渡過悲傷，讓他知道自己並不孤單，若能讓他見亡者最後一面、參加他的葬禮或追思會，多少也能達到安慰效果，不過還是要尊重其意願。此時的安慰著重於賦予死亡意義，並加強生者之間的聯結。所以可以試著告訴孩子，亡者不會被生者遺忘，孩子也能繼續在其他大人陪伴下活下去。

孩子喪親後的反應往往與大人的截然不同，因此安慰時得先清楚，孩子沒有流淚並不代表不需要關懷。然後時效性也是實務上必須注意的點：有些人是在親人過世多年後突然需要安慰，但周遭人常不諒解這種心情。

今年三十五歲的勞拉從幾個月前就因抑鬱而無力照顧自己三歲的女兒。「雖然有好丈夫、乖女兒、好工作，但我就是高興不起來，一天到晚在哭，完全沉溺於悲傷，只能放任其摧毀一切。」在心理治療過程中，她提到在三歲那年，父親自殺，然後母親發現他的屍體，而勞拉則目睹了一切。「父親的自殺

37. Bacqué, 1992; Romano, 2015a.
38. 1943.

並非禁忌，因為大家都知道我那時在場，不過可能都覺得我太小無法理解。的確，在父親過世很久後，我才理解那代表什麼……我在充滿愛的環境中長大，很多親人幫母親一起照顧我，很清楚自己跟其他人相比有多幸運……。大家都說我是個有趣、充滿活力、開朗的小女孩，即使父親去世，或是遇到其他失敗、悲傷的事，也從未哭過，一滴眼淚都沒掉……進入校園生活後，情況就開始棘手了，因為要應付周圍好奇的眼神，每個學年開始時，我都得在個人資料表上寫著『父親去世了』，有些心存不良的人知道後便問東問西，到底是關他們什麼事啊……。在我生命中的每個重要時刻，像是失戀、大學畢業、考試合格、結婚、懷孕、女兒出生等，都會想起父親……即使身邊有很多人支持我，但父親的缺席是無人能彌補的。母親、祖父母、還有我的丈夫都是天底下最棒的，可惜沒人能取代我的父親。在懷孕期間，由於抑鬱日益嚴重，我只能求助助產士與產科心理學家，她們卻說這很『正常』，不用擔心，一切都會好起來的……她們這樣說也許只是想讓我好過，但聽在耳裡就變成：『別再講這些老掉牙的事，繼續向前走吧。』還有一次，助產士要我別再胡思亂想，該專心照顧寶寶，因為寶寶會感受到我的壓力，再怎麼悲傷也無法讓已離世三十多年的父親回來……類似的話我聽得太多了……於是我就像小時候一樣屈服了……閉口不言、繼續過日子。然而，當我女兒三歲時，一切都垮了。」勞拉就是在三歲時目睹父親去世。持續了三十二年的悲哀已經算創傷後障礙，有此情況的人除了得進行哀悼過程，還得療癒自己的內心創傷[39]。

雖然，勞拉還是在父親的缺席下長大，並開創出一番天地，但父親仍鮮活地存在於每個人的記憶中。為了應付好奇心過重的人，以及死板的學校手續，她也學會一些應對手段與防禦機制。但隨著時間過去，她總有必須釋放、吐露這些悲傷的時候。在她卸下防禦，將累積多年的悲傷釋放出來的那一刻，哭泣

39. Romano, 2015b.

的不是眼前這位三十五歲的婦人，而是當年那個三歲小女孩。旁人一味責怪她胡思亂想，只會加劇她的痛苦。要讓她在喪父多年後得到遲來的安慰，就別去評判她的情緒反應，好好陪伴她、助她解讀情緒。她做了一本相簿，與女兒緩緩說起自己悲傷的根源，將原本難以忍受的痛苦一點一點地馴服。經此「儀式」後，多年的痛苦最終得以昇華。

安慰喪親的孩子時必須注意，適用大人的安慰方式不一定能套用在孩子身上。舉個例子，你不能一廂情願地認為擁抱會有用，因為對方不一定吃這套。在我的職業生涯中，看到很多喪父、喪母的孩子能在周圍大人撫慰下療癒悲傷，也看到很多因周遭不必要的言語或行為而加劇孩子的痛苦。某些「媒體哀悼」（deuils médiatiques）個案就是初衷良善，但完全偏離孩子安慰需求的例子。查理週刊襲擊事件後，學校將注意力放在受害者遺孤上，但同校也有一位同學的父親在此時因肝硬化過世，卻被校方完全忽視；某位警官在執行任務時被殺，社會將他尊為英雄、年年舉辦紀念活動，並要求其遺孤參加，但該警官生前舉止完全稱不上榜樣；某校在未徵得家屬同意的情況下，決定以在校車意外中身亡的老師姓名給圖書館命名。以上這些令喪親孩童尷尬的行為都是基於善意，但被安慰到的恐怕只有提出那些建議的人。

要安慰喪親的孩子，就別對他們隱瞞死訊，也不要將此視為禁忌避談，即使死因是自殺等猶太教、基督教教義不許可的作法，孩子總有一天會知道的，隱瞞只會導致更多痛苦。打破沉默、開口談論亡者已經算是踏出安慰的第一步，因為這是宣洩痛苦的契機。雖然看起來有些矛盾，但當父母在孩子面前宣洩痛苦，甚至流淚，孩子會明白父母是因為悲傷而哭，而非為了應付孩子而哭，親子間就能建立一種團結的紐帶，進而互相安慰。將痛苦宣洩出來，就不會讓痛苦一直積在心中，伺機侵入思想。

父母自殺相當於是親手毀滅親子關係，故對孩子的殺傷力最大。許多孩子會認為父母是因自己而死，是自己沒有給父母足夠的愛。在悲傷與憤怒夾擊下，孩子當然會想知道為什麼，但往往得不到解答，使得孩子也怕自己終有一天會以同樣激烈手段結束生命。要安慰有此遭遇的孩子，必須搭配點技巧：藉由細微的動作，讓他知道身邊的大人能聽他傾訴；不管他提出什麼問題，大人都會認真看待，即使不知道答案也不會硬裝知道。大人刻意避談親人死亡，會給信任紐帶埋下嚴重隱患，一旦壓抑不住、徹底爆開，就會摧毀孩子的大好未來，還會將其對他人的信任破壞殆盡。

不管對方幾歲，安慰的首要原則都是讓孩子知道自己並不孤單：簡單地詢問可以為他做什麼、是否有其他需要，而非將他不想要的強加給他。更重要的是，別輕視或排斥他的痛苦，即使當事人是像勞拉那樣過了多年才發作。因為這是相當巨大的打擊，無人理解自己的心情，對當事人來說才是真正的暴力。心理創傷並不會隨時間過去而自然癒合，當不治之症或喪親之痛等嚴重事件從天而降，即使過了多年，當事人仍會對當時的悲痛記憶猶新。輕視，甚至否認別人的痛苦，就好像它根本不應該存在，這種行為對痛苦的人來說是種暴力，絕非安慰的方式。

維克多十五歲那年，他二十歲的哥哥死於白血病。全家圍繞著哥哥的病情打轉了整整五年，這期間不斷重複在住院、緩解、出院、復發的循環中。現年三十五歲、有個兩歲兒子的維克多回憶道：「當時我並沒意識到白血病的陰影已經蔓延到整個家庭，就像外人入侵一樣。不能放假、不能計畫別的事、不能參加課外活動，因為父母得輪流守在醫院。每天都得對哥哥下一次驗血結果提心吊膽。當哥哥去世，每個人都沉浸在悲傷中，但我卻一滴眼淚也沒掉。我很愛哥哥，他的死讓我內心崩落了一角，但同時也讓我鬆了一口氣，想說『終於能回復正常生活了』，雖然這麼想有點沒良心，但不用再跟白血病戰鬥的感覺真好。然而，我花了很長時間才意識到，消失的不是白血病，而是哥哥。從他葬禮那天後幾個月，我的父母崩潰了，只能離異。無論是外公外婆還是爺爺奶奶都要我堅強，因為我很幸運能活下來、有光明的未來，所以我得代替哥哥活下去。每當我想做些有點冒險的活動（像是騎摩托車、攀岩），全家人都會拚命勸我打消念頭，說我不能去冒險，因為我得代替哥哥活下去。真是受夠了，哥哥死了，我卻活在他死亡的陰影中，彷彿我自己的生命也因他的死而中止。從沒人來安慰我，而我卻得不停安慰父母、叔叔、阿姨、祖父母，從十五歲起我就得不停遞面紙給他們擦眼淚。」

正如維克多所述，要安慰喪親的孩子，就要讓他待在孩子的位置，而不是硬讓他承受大人完全不恰當的期望，這樣往往會無意間讓他否認自己的痛苦，甚至加劇其痛苦。

安慰臨終的孩子

在醫院有不少孩子因病弱而死亡，有些年齡較大，有些還是嬰兒；有的打出生就沒離開過醫院，也有的是一覺醒來發現自己躺在醫院；有的是突然重病，也有的是反覆經歷緩和、有望康復、復發的循環但依舊每況愈下；有的孩子可能會一路清醒到最後，也有的會處於植物人等昏迷狀態無法與周圍的人溝通……總之每個個案都不一樣。很多在我陪伴下走完人生最後一程的孩子在臨終前告訴我，他們並不怕死亡，但害怕獨自死去、害怕被遺忘、害怕自己的死會傷害他們所愛的人。

七歲的希比在接受了長達十個月的急性白血病治療後，最近的檢查結果顯示康復無望。體力正從她小小的身體一點一點地流失。某天早上，我照常探望病房裡的孩子時，她用很特別的眼神看著我，問道：「我是不是快死了？」語氣毫無平時的孩子氣與天真坦率。我並不驚訝，因為這是孩子在臨終前常會問的問題。不過我還是遲疑了一下，本來還在想她是不是清楚自己的病情，但她這麼一問代表她全清楚了。孩子並不會隨便發問，他一定會先有自己的一套邏輯，當孩子開口問你這個關於生命終點的難題時，他其實已經根據自己匯集的許多資訊，判斷自己快死了。

這個問題該如何回答？還是不要回答比較好？當孩子因為太小還不了解死亡，該怎麼讓她接受自己將死的事實？由於目前尚未有人死而復生，故我們對死亡仍一無所知。

小組開會時我就知道希比的生命只剩幾天，她的父母也已知情。但當她真的問我這個問題時，我好希望自己有根魔杖，能讓這種生命的倒數計時中止。

我先試著集中精神注視著她，因為這種交流方式不但能讓孩子的感受更敏銳，回應起來也簡單多了。若孩子在表達自己意思後，看到對方投來恐懼、厭惡、不理解的眼神，便會覺得自己可怕、可厭、無法被理解，然後自動中斷交流。因此，我試著將她當成一個我已陪伴幾星期的小病人，大致掂量孩子對世界的認識後，我知道她要的答案並非「是」或「否」，而是想要知道自己並不孤單。

面對這類難以啟齒的問題，很多大人會迅速用「不會，當然不會，別亂想」或「會康復的，你一定能擊敗病魔」之類的話來搪塞……這是因為大人自己被即將到來的死亡逼到絕望，只好試著用大量善意謊言讓孩子繼續對自己的病情有虛假的認知。

我努力穩住自己，並與她保持眼神交流，然後試著理解她為何問我這個問題。「你的問題很重要……其他孩子也有問過我……你能告訴我今天為何要問我這個問題嗎？」這樣說能達到很多效果：說她的問題很重要，等於是在說她很重要；說其他的孩子也問同樣的問題，會讓她有歸屬感、相信自己不是唯一一個這樣做的人；詢問她「今天」為何要問這個問題，就能將她的經歷與時間掛勾，進而幫助她解讀為何她覺得自己快死了。從另一個角度來看，如此回應也能提醒她，我就在她身邊，我不怕她說任何話，我會與她一起努力理解這一切。

希比很平靜地回答：「我沒那麼笨。沒人肯告訴我，但我看得出來……護士再也不來看我，爸爸媽媽來得次數越來越少，而且總在哭，從上週開始就這樣……我問他們我是不是要死了，他們說不會，但我知道他們在騙人，不然為什麼要哭呢？」因長期纏綿病榻而疲憊的她，不但一滴眼淚都沒掉，還帶著一絲自豪的神情說：「我懂，我知道他們在瞞著我。」我們一般不會拿死亡開玩笑……對孩子來說，即將來臨的死亡就像一種病：一開始是些毫無意義的東西，一種他既不懂、也察覺不到的威脅，然後逐漸變成一種無法逆轉的東西。當希比像許多瀕死的孩子一樣，面對所愛之人的絕望、尷尬、虛假的保證或大人的沉默時，就會更難想像、承受死亡的降臨。對於自己身上發生的事，她既無助也孤單。

無人能為希比擋下即將到來的死亡，但照顧者與父母可以盡量陪她面對這個未知、難以想像、無法形容、無形無狀的現實。安慰她並不是得瞞著她，也不是讓她慷慨赴死，而是需要一些技巧：在她身邊，聽她說話、聽她訴說自己的想法，問她想做什麼；由身邊的人朝她伸出的生命紐帶，支持她面對這些侵佔身心的恐懼，直到最後。

所以這幾天，我們為她的父母及親友準備一些小紙條……因為她想要做一本有大量圖畫、一頁比一頁精彩的書。即將走向死亡的希比「只」要求父母盡可能陪著她、不要忘記她就好。孩子的死亡不但對其身邊的人是一大打擊，對那些努力治療他們的醫護人員也是。但當希比在父母相伴下去世時，她給所有人都準備了小禮物，希望大家不要忘了她。這場有陪伴、多了一絲人性的「平靜」死亡，讓大家克服了死亡本身的巨大痛苦。希比在最後一張繪畫中為我們留下了兩道訊息：「謝謝」和「永恆的吻」。

安慰臨終的孩子並不代表要騙他一切都很好、他會康復，因為這些孩子其實能分得清大人的行為與說的話是不是有出入。大人知道很多，但孩子也知道很多，兩邊的知識價值是一樣的，所以我們該信任他們，而不是不讓他們知道與自己直接相關的真相。當然，我們不能強迫孩子開口、面對現實，但若他們主動開口提問，我們可以試著為他解惑，即使得告訴他們，大人不一定什麼都懂、大人看到的現實並不像孩子看到的那樣。從話語中推斷孩子想表達的意思，讓交流能多一重象徵意義：與孩子保持這種人性化的聯繫，讓他的人生無論是長是短，都能綻放出光亮。童年創傷無法治癒，無法抹去，也無法修復，但並不代表孩子得一輩子痛苦，而是得學會馴服痛苦。若大人能在心理上支持他、安慰他、讓他安心，他就更有可能辦到。因此安慰相當於「意義解讀」，告訴孩子我們就在他身邊，就是對他最大的安慰。面對即將到來的死亡，這樣看似微不足道的小動作其實能達到最好的效果。

CHAPTER 9

安慰，是一種「恰如其分」的平衡

安慰既無通用規範，也無法在藥房、商店或手機應用程式中找到，因為它就是門藝術。既然每個人都是獨一無二的，生而為人又確實是場偉大的經歷，那麼要讓一群人共同生活就得互相關懷。這不僅是生而為人的求生之道，在成為父母之後就更是如此。如同兒童精神病學家唐諾．溫尼考特所說的，安慰是「恰如其分」的藝術。要讓孩子在毫無被遺棄的顧慮下，勇敢承擔成長與學習生存能力的風險，就得維持一種既脆弱且需要仔細拿捏的平衡。在大致抓出適當距離後，還得針對個別孩子調整，甚至隨著孩子的不同人生階段對應。因此，安慰並非單一行為，而是一連串建立信賴、提供保護與建造安全紐帶的心理過程。

坦承自己的無力

安慰痛苦的孩子絕非易事，有經歷過的人應該都知道。有人甚至會忍不住閉上眼，試圖轉移注意力，假裝看不到問題；還有人為了省力，索性撒點小謊搪塞過去，尤其是面對因重病或災難喪親的孩子。以下案例是一位父親如何盡全力安慰自己孩子的經歷：從一開始的避談（當時以為同樣的事不會重演）到後來的詳細交代。

二〇一五年十一月恐怖襲擊事件發生後幾天，我們訪問了喬治和莉娜的父親。自從二〇一五年一月的查理週刊襲擊事件發生後，住在旁邊大樓的這一家，面對突如其來的大陣仗時，只能努力安撫孩子。「我們無法裝作沒看見，因為整個街區都癱瘓了，到處都是軍人，進出學校和商店都得檢查包包……我們試著向孩子們解釋何為恐怖行為，學校的老師也講過。當時已經小五的喬治勉強聽懂，但他七歲的妹妹似懂非懂，只想知道恐怖分子會不會再來。我們夫妻當時都覺得這種惡夢應該不會再有第二次，所以就告訴他們恐怖分子都死了，不會再有下次，我們絕對沒騙他們的意思……然而，在生活漸漸恢復正常後，附近的巴塔克蘭劇院在二〇一五年十一月也出現恐怖襲擊，離上次事件還不到一年……好恐怖，簡直太恐怖了。我還記得事發後孩子們說的第一句話是：『你們騙人，騙人！你們明明說恐怖分子都死了，不會再有下次了，可是他們又來了……你們騙了我們！』我們夫妻都很沮喪。雖然到處都是鮮花，以及向受害者致哀的兒童繪畫，但在死亡陰影的籠罩下，往外多走一步都得提心吊膽……死亡不但又一次把我們的生活搞得一團糟，還讓我們失去孩子的信任，太糟糕了。關於二〇一五年一月的事，由於我們不想騙他們，只好坦白自己當時的想法：沒提醒他們恐怖分子可能會再度行動，是因為我們根本沒想到，這已超出我們的想像。好在巴塔克蘭劇院襲擊事件發生後，很多學校與機構都有開會說明，為我們與孩子釋疑，孩子的態度也從責怪我們騙人轉為諒解。我們並不是要為自己的誤判開脫，而是想把話講清楚，避免親子之間造成任何誤會。我們又重申了一月的情況，當時是真的認為應該不會再來一次恐怖攻擊了，所以才會那樣說，絕不是想騙他們。但我們錯了……我們也坦白說了，雖然政府想盡方法要打擊恐怖主義，然而我們目前還沒有能力完全阻止這些犯罪行為。我們不斷重申一定不會丟下他們，一定會照顧他們……為人父母面對這種情況也是很無力，雖然已經盡全力保護孩子，但一切努力就這樣被從天而降的災禍摧毀了。」

無論孩子是盡情宣洩悲傷，還是安靜地沉浸在痛苦中，大人看在眼裡都會覺得心累、為難，甚至心痛。這時前去安慰孩子的大人多是身不由己：不是剛好得負此責任（像是父母），就是工作上恰好得要應付這種狀況（例如，護理師、救援人員、教育工作者或保母等），但也有的大人是碰巧遇到亟需安慰的孩子。

伊莎貝爾今年五十歲。某天半夜，附近一棟大樓起火，她醒來後往街上走，發現附近的孩子在路上因為找不到父母而驚恐尖叫。「我當時沒想太多，就是想跟他們保證不會有事，雖然我也只能一直重複『沒事的』，這樣說其實也只是安我自己的心。幸好他們的父母真的都沒事，不然我會為這句話後悔一輩子。」

六十二歲的傑拉德遇上了一場相當嚴重的連環車禍，現場已有數名罹難者。「那輛車上有兩個被擠扁的大人應該是他們的父母，後面兩個不知道發生什麼事的小孩（分別為三歲和五歲）一直在哭。所有救援人員都忙不過來，場面一片混亂，由於我是少數還能沒事站著的人，一名消防員請求我幫忙照顧孩子，直到有人來接應，我也只能硬著頭皮去照顧兩個生活突然天翻地覆的孩子。不知該怎麼哄孩子的我，只能跟他們說我就在這，然後幫他們蓋好毯子、避免著涼，就這樣。事後回想起來，雖然當時我能做的很有限，但已經比什麼都沒做好，至少不讓他們感到孤單。」

孩子的痛苦與安慰者能賦予的東西結合起來，就是孩子感受到的安慰。看著孩子痛苦卻無力應付，對大人而言也是很痛苦的事。然而大人能給予多少支持，主要得看其心理負擔、被影響的程度、尚存多少餘力而定。

埃斯特班兩個月大時，其父死於摩托車意外。他的母親從未隱瞞此事，還在他房裡擺了一張父親的照片。即使當年的意外也是他母親心中的痛，但依然盡可能淺白地跟他解釋。隨著他一天天長大，理解能力不斷提昇，也察覺自己在世界上有多特別，因為他不像別的小孩一樣都有爸爸。逐漸理解這種「特別」有多難受的他，在三歲的時候爆發出來、踢了媽媽一腳，然後哭著說：「我想要爸爸，一個真正的爸爸，不是只出現在紙上（照片）的爸爸，我要一個真正的活人！」這句話對他的母親來說猶如「一劍穿心」。此時該怎麼回答？聽到這種一針見血的話後，能穩住自己已屬不易，更遑論安慰傷心欲絕的孩子？「這真是雙重懲罰：失去丈夫已經夠慘了，如今看到我兒子難過、想見他爸爸，我卻一點辦法也沒有。」

埃斯特班母親的心聲也是許多父母在面對孩子痛苦時的心情，尤其當痛苦來自任何東西都取代不了的「永別」。在面對這種難堪的場面時，得先坦然接受自己的無力感，然後穩住自己並騰出力氣後，再用同樣方式幫助亟需安慰的孩子。試著與孩子解讀他的痛苦，並與他分享自己的痛苦，就能繼續安慰的過程。比方說，「對，爸爸過世了，你只有他的照片可看，這對你不公平……我也想再見到他、親吻他，也想和他說說話、一起做點事，但這已經不可能了。雖然我也很難過，甚至氣憤，但我們無法改變這一切。好在我有了你，我也在你身邊，你並不孤單。我們可以聊些你父親的事，這會讓你好過一點。」

守住應有的界線

安慰孩子的另一個風險在於，大人可能會因安慰孩子所帶來的效果而自我陶醉，甚至誤以為自己很擅長這種事。由於安慰者在斟酌關懷方式時，往往會參雜個人利益或感受，因而降低其客觀性。孩子需要安慰時，或多或少會就近向大人表達需求，雖然方式可能稱不上直接或清楚，而大人多少也會因為安慰到了孩子而獲得成就感。不僅是援助或照顧他人的工作者會有這種情緒，老師、教育工作者等面向兒童的專業人士也會如此。若安慰者毫無自覺，可能會反過來讓孩子成為滿足自己心理需求的出口，像是成就感、安全感、補償等。大多數職業都有技術門檻，並非想做就能勝任，而與孩子互動的職業更是如此，它與應對成年人或一般行政工作不同。當然，我們也無法讓所有人都去做心理治療，只能呼籲這一點：在接近的對象感到痛苦時，應適當守住界線，並留點時間反思自己的作法，尤其是面對孩子的時候。

無論身為父母還是職業照顧者，安慰孩子時無非就是鼓勵他，讓他感到安心，且讓他不再感到孤單等，但兩者面臨的挑戰並不相同。當孩子是被自己認識的人安慰，效果會隨時間過去而逐漸浮現：若安慰得當，就能強化與孩子的信任紐帶；若安慰不當，就會削弱甚至摧毀雙方的信任。而職業的照顧者通常都受過訓練，能在安慰時搭配適當的言語與手勢，但照顧別人畢竟是他們的工作，而不是他們的生活，所以心理負擔是無法跟父母比較的。安慰者的心理狀態也不盡相同：父母或常接觸孩子的職業照顧者，多會不自覺地建立防禦機制，以協助自己應對這類狀況，這算是有一定程度地做好安慰孩子的準備。某些專業人士甚至做過相關專業培訓，因此能預判情況，並採取適當的應對方法。然而，前述的伊莎貝爾和傑拉德（請見第二二一頁）並非如此，他們是剛好人在現場，才會去安慰一群根本不認識的孩子。

安慰自家的孩子已經不容易，安慰別人家的孩子更難。職業照顧者雖然都當過孩子，也多少從自己父母身上學到一些安慰技巧，但這些方法不一定適用在其他非親非故的孩子身上。若沒想過這些利害關係，就貿然投入相關行業，恐怕會因上述情況而傷心傷神，進而精疲力竭、危害身心健康。傾聽別人痛苦時（無論對方是大人還是孩子），往往會被對方的負面情緒影響。對父母等至親而言，可能會擔心自家因這類創傷污染而失衡，甚至留下永久傷痕[40]。而職業照顧者則可能承受所謂的「同情創傷」（traumatisme compassionnel）或「替代性創傷」（traumatisme vicariant），也就是在聽聞艱難處境或照料痛苦中的孩子時，反而讓自己陷入同樣的負面情緒中。

安慰者「超載」時，該要怎麼辦？

創傷污染不只會影響照顧者，也會影響需要安慰的孩子，使他們因而被孤立。這些孩子先是因痛苦而感到絕望，接著本應保護並幫助自己的大人缺席了，使得經歷這些的孩子，內心多少潛藏著缺乏愛、孤單與沮喪的情緒。當大人深陷自身的痛苦而無力安慰孩子，有時甚至會毫不遮掩自己對孩子的敵意、

40. Kaës et al., 2001.

攻擊性或排斥感，致使孩子的負面情緒進一步放大而更具破壞力。對於無力阻止痛苦的孩子來說，在無助感壓迫下，他們會更難承受痛苦。

在痛苦早期階段，孩子多少還有辦法找到能安慰自己的大人（甚至很多個），但過了幾天或幾週後，還能有耐心應付的大人恐怕不多。

十歲的佐伊與父母、國三的哥哥住在一起。自九月開學以來，她受到同班同學諸多暴力對待，已達校園霸凌等級：排隊或上下樓梯時被人推倒、課堂上被孤立，甚至因外表被嘲笑、被某些同學阻止上廁所、在校物品被人塗膠水或墨水，連在食堂用餐都被同學潑水、加鹽，甚至整盤翻掉。佐伊因此出現胃痛、上學前嘔吐、惡夢連連與皮膚疾病等身心症狀。她的父母通知校方，經校方密切觀察後證實是霸凌。從佐伊開始出現異樣的那一刻起，全家生活就被學校裡發生的事凍結了：父母之間原本緊張的關係緩和下來，也不再聚焦在哥哥糟糕的成績上，更沒人在乎要跟哪邊的祖父母一起過寒暑假，總之家庭內部的其他問題都被校園霸凌掩蓋了。亟須安慰的佐伊相當悲傷，沒了朋友，再也不想上學，她覺得自己完全被孤立、污衊，完全不知所措。父母只能舉家動員，盡力支持她、減輕她的痛苦，全家的紛擾因這起霸凌事件的爆發而暫停。

佐伊因身心受創而大幅消瘦，幾乎得住院治療，所以一家人的生活全都圍繞著佐伊重新安排。父母馬不停蹄地約詢專家、會見校方，只為了盡力保護她，甚至到了過度保護的地步：他們再也不讓她獨自活動，包括課外時間，因為無論大事小事，父母總是會將情況想到最壞的方向去。短短幾天內，佐伊就成為全家人的焦點，讓一直只關心哥哥爛成績的父母能重新關注自己，這應該算是她從校園霸凌事件中唯一收穫的好處吧。父母給她買了隻小貓，還重新佈置她的房間，本來覺得已經快被父母當透明人的她，終於找回了自哥哥進國中後就逐漸失去的關注。

在佐伊同意下，父母決定讓她在聖誕節假期後轉學。一月開學後，她的在校情況似乎比以前好多了，家庭生活也重回昔日節奏：夫妻關係緊張、煩惱哥哥的成績，以及兩邊祖父母為孫子們要在哪邊過節而爭吵等。

前幾週因霸凌事件而被危機處理擱置的所有紛爭都重新浮上檯面，生活似乎漸漸恢復正常。但才到一月底，佐伊又出現在上個學校有過的症狀，她又開始說有人欺負自己，但她的父母已經不願、也不想再聽到這種事。他們不但沒有像幾週前那樣安慰佐伊，反而開始生氣、憤怒，對她的指責也多了起來。

佐伊父母的反應可能出乎很多人意料。明明是經歷同樣的事件，第一次父母還願意全力照顧、安慰孩子，但第二次反應卻截然不同，這種情況其實不少見。某些個案的孩子會被大人過度保護，其實是出於父母無意間觸發的自我防禦與安撫機制。換言之，佐伊的父母其實跟其他有類似遭遇的父母一樣，是藉由安慰女兒來間接安慰自己，以（不自覺地）試圖保護他們「好父母」的形象：只要設置的安慰、保護與安全系統發揮作用，一切就會沒事，這就是父母內心隱藏的想法。但若類似的事在不同環境（佐伊的個案是指轉校）再次發生，那就相當於證明之前所做的事全都白費了，父母的信念就會崩潰，並常將自身的無力感遷怒到孩子身上，即使孩子仍需要安慰。

所以有些孩子一開始可能還有大人安慰，但隨著時間過去，他們會發現大人漸漸受不了自己，或是一夕之間翻臉、不想再聽自己說話或陪伴自己。這次真的被拋棄的孩子難免會回想起以前經歷過的那些悲傷現實：從一開始的善意與同情，演變成後來的煩惱與排斥，甚至是冷漠，這誰能承受得住？被幫助、支持的假象破碎後，孩子只能面對一片空虛。這些對孩子的失職、漠視、防禦性空洞、根本暴力，其實都反映出一個事實：大人因自己與孩子之間的連結而煩惱，在面對自己聽到與必須負責的事情時，卻因為應對能力不足而感到不堪重負。

此類反應雖非常常見，但鮮少有人會提及，因為很難說出口。然而，我們還是認為有必要特別提出來：若能辨識並及時壓制這種反應，就能避免孩子與大人承受額外的痛苦。孩子承受過多的痛苦會有礙其成長，致使在未來埋下隱患，而大人若承受過重的痛苦則會心力交瘁，使得個人或職涯發展承受更多風險。

避免落於自身的投射

孩子經歷的狀況也可能會凸顯父母之間的分歧，演變成被一方排斥、再被另一方安慰的情況。下面的案例中，孩子就只是父母雙方表達當前或之前教育理念歧見的媒介。大人在安慰孩子時，可能會因為被孩子痛苦影響而做出各種防禦反應，甚至做出粗暴的舉止，這些行為其實都是源自於他們自身的痛苦與無力感。

七歲的魯本從一年多前就吵著要學柔道，最近終於開始上課。然而，他的母親反對他學格鬥，傾向讓他學擊劍。不過他父親覺得學柔道很好，不僅上課時間跟家庭作息得以配合，學費也不高。只是上了幾次課後，魯本表示不想繼續，說自己交不到朋友，且在班上是最弱的，因此總是想盡辦法不去上課。母親「秒懂」魯本的感受，多次與他父親爭論，說她本來就覺得兒子個性不適合柔道，贊成停掉。魯本的父親則不滿地責備妻兒缺乏「毅力與鬥志」。從以上情境應該很容易看得出來，父母在教育理念上的分歧才是兩邊爭執的主因，柔道只是導火線。

照料亟需安慰的孩子時，難免會喚起我們自己的童年時光、無意間將當年的自己投射到對方身上。所以安慰不僅僅是一個困境中的孩子遇上能安慰他的大人那麼簡單，而是種會重新喚起介入者過往的心理過程。在一路剖析造就孩子痛苦根源的情境與人的過程中，不但會逐漸喚起我們為人父母的意識，也會讓我們懷疑自己當年在父母心中的地位（這種投射很少人知道）。

照料心理受創兒童的專業人員必須了解，要安慰孩子並治療其童年創傷，難免會讓自己受到其創傷觸動，但若有餘力能將此影響當作治療手段，就能像喬治・德維爾（Georges Devereux）說的那樣[41]，化身成為傳授給孩子與其周圍人創造力[42]與韌性[43]的心靈導師。換言之，安慰孩子必須在心理上為他保留足夠的餘力，這樣不管聽他說話、照顧他，還是與他交談，都不至於超過自己的負擔。然而，當大人在無意間將自己投射到孩子的處境，就很難做到這點。無論是為人父母或是專業人士，只要是人就有過去，而這些過去常會在無意間被某些事喚起。人類畢竟不像機器一樣毫無情緒波動，所以看著孩子在自己面前傷心難過，會因此心煩意亂很正常。但在聽完孩子剛經歷或正在經歷的事後，不讓自己被隨之而來的情緒淹沒，才是受觸動但仍能穩住自己的關鍵。此時若心想：「可憐的孩子，遇到那麼可怕的事……若我或我的孩子也遇到……」就會無意間把自己的立場從介入者變成當事者，或是曾有類似遭遇的那個「童年的自己」。被「觸動」，代表承認自己的確因聽聞此事而產生情緒，然而此時還是得保持一定的判斷力，才能理解自己情緒的來源（比方說，了解孩子的遭遇讓我深受觸動，是因為想起以前也遇過類似情況）。將情緒用言語表達出來，不僅可以避免自己陷入蜂擁而至的情緒與反應空白中，還能與孩子分享自己的感受，這有助於與他交流，讓他知道我們不僅與他同在，也努力理解他，這樣他才能更信任我們。比方說，「我看到你低著頭、完全不講話，覺得也許是你不想說，或是你很傷心、生氣之類……你是怎麼想的？」孩子尚在傷心時，若還用肯定的語氣說他一定是這樣或那樣，這不僅可能猜錯，還可能完全失去孩子對我們的信任。

---

41. 1969.
42. Moro et al., 2006.
43. Hanus, 2001; Romano, 2018; Cyrulnik, Delage, 2010; Cyrulnik, 2014.

埃維十四歲時，父親在上班前一天自殺。他是從親近的叔父口中得知，父親不但過世了，還是自己了斷的。從那時開始他就保持沉默，也沒回應任何問題，彷彿是要用沉默來保護自己。父親死後隔天，從外省匆忙趕來的外公外婆試圖把他抱在懷裡說：「可憐的孩子，你一定很傷心吧！」。這種自以為是的斷言，讓埃維不滿地將他們狠狠地推開。後來在一次心理治療中，他說：「他們那樣自以為的想法讓我很難受，我其實不是難過而是生氣，父親居然『這樣』對我們。我是在火大，傷心個鬼，他們什麼都不懂。」外公外婆這麼說原本也是好意，錯在用了肯定的語氣，無意間剝奪埃維自己的想法。若他們能採用「自省槓桿」（levier réflexif）技巧，換種方式表達自己的想法，比方說，「我看到你這個樣子，以為你很傷心，但也許我完全猜錯了。我只是你的外公，沒法子知道你真正的想法，但我想告訴你，若你想跟我說話，我就在你身邊。」跟前面示範的作法一樣，就是加一個主詞「我」來改變整個語氣，如此就能將孩子與大人間的人性紐帶重新接上，踏出安慰的第一步。

看完以上說明可知，安慰的確是種隨時會瓦解的脆弱平衡。當大人安慰孩子時，相當於與孩子共同編織一條人生紐帶，過程中自然會將個人的個性、情感、過去，以及與孩子困境根源之間的關聯一起編織進去。

要避免被蒙蔽，甚至陷入情緒深淵，就必須正視一個現實：安慰孩子不但不容易，甚至會有風險。實務上也不是沒有滿懷善意的社工在介入之後卻完全招架不住其誘惑並沉溺其中。用精神分析學家克里斯蒂安・拉查爾（Christian Lachal）的話來形容安慰的藝術，應該再貼切不過：「被觸動，但不被污染」[44]。這就是「擺渡人」的角色該遵守的原則：在感性與理性、主觀性與客觀性之間保持平衡，牢牢地承接孩子的悲傷和痛苦，而非試圖讓它盡快消失，或是否定、輕視，也不要沉溺其中，然後照著孩子的個性與步調，傳授他們必

44. Lachal, 2006.

要的能力，讓他們能夠解讀那些無法理解的事物，以抑制其恐懼、痛苦與悲傷。

支援父母與專業人士，應該列為優先事項

接觸到孩子的痛苦和悲傷，多少會讓我們看到生活殘酷的一面，但不管多難受都得繼續聽下去，才不會與孩子失了聯繫。正如前面所述，要安慰孩子並讓他們能理解自己的經歷，大人（像是父母或職業照顧者）的陪伴不可或缺，但大人自己也需要更多支援。

職業照顧者有時會藉由培訓與個案分析等場合，將自己的感受說出來，並分享自己在抑制情緒污染時遇到的困難，不過很多地方由於財務困難，不能安排這些交流，至於家長與志工能得到的支援幾乎為零（大概僅限於某些專業人士或協會）。

但要給每個人提供適合的支援，最重要的還是得增設空間與場所，並投入必要的人力、財力與物力。從現在的情況看來，如果再不投入資源，將來會有嚴重的後果。多年來，兒童保育人士一直呼籲政府提供必要的資源，以提昇照顧品質。目前兒保、教育機構均傳出在兒童心理資源上的嚴重匱乏，證明這些呼籲並非毫無道理。當本應安慰孩子的大人自己也精疲力盡、非常需要安慰時，哪還能安慰孩子？

結語
安慰的力量

心理創傷與痛苦對孩子來說是很難承受的，大人即使勉強察覺到其存在，也得進一步解讀其根源。不過最重要的是不要背棄孩子，也不要讓孩子獨自面對那段擊潰他的經歷。安慰能夠有效緩和孩子的情緒，幫助他恢復對自己、他人、未來和生活的信心，這也是孩子一生不可或缺的生命紐帶。當孩子經歷被遺棄與獨自面對痛苦的滋味，其生命中會留下一道無形卻真實的傷痕，一種持久的情感心理創傷。

當孩子需要安慰，通常是因為剛經歷了某件讓他受創、悲傷、害怕或完全無法理解的可怕事件，或者是經歷了一連串不同事件才一口氣爆發。前面也有提到一些相關案例，有時大人的理解會與孩子的感受相去甚遠，但無論如何，別讓他獨自一人面對一切。

安慰孩子不是只拿出滿滿熱誠與善意就好，還得確實符合孩子的需求。安慰是一種與他人發展人際關係的動態過程，這其中需要發揮一點創造力，才能在孩子與大人之間建立出最基本的情感紐帶。不論是建立紐帶，或是在經歷生活考驗後恢復、強化紐帶，甚至是針對雙方的個性調整方式等都需要時間。在這個應用程式滿天飛的虛擬時代，大人的安慰是任何網站或網路支援所無法取代的。

痛不欲生的感覺終生難忘，無論持續幾小時還是幾年。被生活傷害到體無完膚的孩子，其身體和靈魂都會留下永久的傷痕。他們對生活或對自己依賴的人（即父母、親人等依存對象）的信心也會因此受損。總之得記住，無論孩子年紀大小，都不該持續徘徊在幸與不幸、生與死之間。雖然一個人不管境遇多慘，都有可能克服心理創傷活下去，但某些人認為這有賴大人在面對他們的遭遇時，給予的關注、耐心與陪伴，以及為他們建立一張人性化的保護網。不過也有人認為，這條路很艱難，終究得靠自身努力撐過，因為人定勝天。

相信孩子、了解他的性情，以及找出他最好的一面並讓他也相信這一點，是整個安慰和心理修復過程中的重要一環。只有言語、陪伴和儀式才能撫慰這種刻在孩子心上與生命上的暴力。

在種種反思後，我們可以得出以下結論：安慰痛苦的孩子並非一蹴可幾，關鍵在於實際的陪伴。唯有如此，我們才能牽起與孩子之間的阿里阿德涅之線（fil d'Ariane）。從成人世界向孩子的生命輸送關懷，得靠這條脆弱的線，讓孩子知道自己也是值得被關懷、尊重與善待的個體。

本世紀已遭逢疫情、俄烏戰爭、經濟與生態危機等困難事件。縱觀歷史，人類社會總是歷經各種險阻，唯有設法擺脫困境才能繼續發展。然而，如今的處境似乎特別令人焦慮，媒體報導的消息一個比一個悲慘，彷彿我們注定要遭遇不幸。社會瞬息萬變，一切講求效率，且越來越急。時間彷彿被快轉，讓人無暇停下來思考，「想到就做」成了常態。我們既無法依循以往的方向前行，也難以想像自己直奔世界末日的樣子。與此同時，專門談論幸福與個人發展的書籍不斷增加，反應人們迫切希望適應當下的生活，這樣無論未來發生什麼事，至少能安心度日。

我們並不是要呼籲「不幸萬歲」，但要安慰對未來焦慮、缺乏安全感的人們，盲目追求幸福並非最佳解，因為有些人可能會因此否認或淡化現實。對於無法安慰他人或無法被安慰的人來說，充滿罪惡感的氛圍只會加劇他們的痛苦。

人生難免遇到種種痛苦與困難，但別試圖壓制、輕視或否認這些感受，而是應該解讀與克服它們，而安慰就是種能讓他人度過苦難的心理過程。

參考書目

Ainsworth M. D. S. (1973). «The Development of Infant Mother Attachment », dans B. M. Caldwell, H. N. Ricciuti. Review of Child Development Research, vol. 3. Chicago, University of Chicago Press, p. 1-94.

Ainsworth, M. D. S., Blehar, M. C., Waters, E., & Wall, S. (1978).

Patterns of attachment: A psychological study of the strange situation. Londres, Psycholgy Press Classic Editions.

Alvin P. (2011). L'Envie de mourir, l'envie de vivre. Un autre regard sur les adolescents suicidants. Paris, Doin, Lamarre (2e éd.).

Ariès Ph. (1973). L'Enfant et la vie familiale sous l'Ancien Régime. Paris, Seuil.

Bacqué M.-F. (1992). Le Deuil à vivre. Paris, Odile Jacob (réédition 2000).

Bailly L. (1996). Les Catastrophes et leurs conséquences psychotraumatiques chez l'enfant. Descriptions cliniques et traitements. Paris, ESF éditeur.

Baubet T., Moro M.-R., Le Roch K. et Bitar D. (2003). Soigner malgré tout, t. 1., Trauma, cultures et soins. Grenoble, La Pensée sauvage.

Baubet T., Moro M.-R., Le Roch K. et Bitar D. (2003). Soigner malgré tout, t. 2, Bébés, enfants et adolescents dans la violence. Grenoble, La Pensée sauvage.

Benedek T. (1959). « Parenthood as a Developmental Phase: A Contribution to the Libido Theory ». Journal of the American Psychoanalytic Association 7, 3, p. 389-417.

Berger M. (2007). Ces enfants qu'on sacrifie. Réponse à la loi réformant la protection de l'enfance. Paris, Dunod.

Bowlby J. (1969). Attachment and Loss, vol. 1, Attachment. New York, Basic Books.

Bowlby J. (1973). Attachment and Loss, vol. 2, Separation: Anxiety and Anger. NewYork, Basic Books.

Byng-Hall J., Stevenson-Hinde J. (1991). « Attachment Relationships within a Family System ». Infant Mental Health Journal, 12, p. 187-200.

Cassidy J., Shaver P. R. (1999). Handbook of Attachment: Theory, Research, and Clinical Applications. NewYork, The Guilford Press.

Ciccone A., Ferrant A. (2008). Honte, culpabilité et traumatisme. Paris, Dunod.

Cyrulnik B. (2014). Les Âmes blessées. Paris, Odile Jacob.

Cyrulnik B., Delage M. (dir.) (2010). Familles et résilience. Paris, Odile Jacob.

David M. (2013). L'enfant de 0 à 2 ans : vie affective et problèmes familiaux. Paris, Dunod.

De Moura Freire S., Scelles R., Romano H. (2014). Les représentations et la réalité de la parentalité chez les jeunes femmes ayant vécu l'inceste selon les modalités de prise en charge. Étude de recherche réalisée dans le cadre de la thèse de psychologie de Soraya Minot De Moura Freire, sous la direction du Pr Régine Scelles, Université de Rouen, promoteur Association des Docteurs Bru.

Devereux G. (1969). Psychothérapie d'un Indien des plaines. Réalité et rêve. Paris, Éditions Jean-Cyrille Godefroy, 1982.

Ferenczi S. (1932). Journal clinique. Janvier-octobre 1932. Paris, Payot, 1985, p. 274.

Ferenczi S. (1934). « Réflexions sur le traumatisme ». Psychanalyse IV. Paris, Payot, 1982.

Freud A., Burlingham D. (1943). War and Children. New York, International University Press.

Golse B. (2015). Le Développement affectif et cognitif de l'enfant. Paris, Elsevier Masson.

Golse B. (2020). Le Bébé, du sentiment d'être au sentiment d'exister. Paris, Érès.

Guédeney N., Guédeney A., Tereno S. (2021). L'Attachement : approche théorique et évaluation. Paris, Elsevier Masson.

Hanus M. (1994). Les Deuils dans la vie. Deuils et séparations chez l'adulte et chez l'enfant. Paris, Maloine.

Hanus M. (2001). La Résilience, à quel prix ? Paris, Maloine.

Houzel D. (dir.) (1999). Les Enjeux de la parentalité. Ramonville-SaintAgne, Érès.

Howes C. (2008). "Attachment reationships in the context of multiple caregivers", dans J. Cassidy,

P. R. Shaver (Eds) : Handbook of attachment : Theory, research and clinical Applications (p. 671-687). New-York/Londres, The Guildford Press.

Kaës R., Faimberg H. et Enriquez M. (2001). Transmission de la vie psychique entre générations. Paris, Dunod.

Knibiehler Y. (2000). Histoire des mères et de la maternité en Occident. Paris, PUF, coll. «Que sais-je ? »

Lachal C. (2006). Le Partage du traumatisme. Contre-transferts avec les patients traumatisés. Grenoble, La Pensée sauvage.

Lebovici S., Weil-Halpern F. (dir.) (1989). Psychopathologie du bébé. Paris, PUF.

Lévi-Strauss C. (1947). Les Structures élémentaires de la parenté. Paris, École des hautes études en sciences sociales.

Marcelli D. (2003). L'Enfant, chef de la famille. L'autorité de l'infantile. Paris, Albin

Michel. Miller A. (1984). C'est pour ton bien. Racines de la violence dans l'éducation de l'enfant. Paris, Aubier.

Moro M. R. , Golse B., Rousseau C., Lachal C., Baubet T., OussRyngaert L., Bailly L., Mbemba A., Marotte C., Asensi H., Romano H., Pradère J., Rezzoug D., Taïeb O., Serre G., Broder G., Genot M. (2006). Bébés et traumas. Grenoble, La Pensée sauvage.

Pierrehumbert B. (2003). « Attachement et psychopathologie ». Enfance 1, vol. 55, p. 74-80.

Pierrehumbert B. (2018). Le Premier Lien. Théorie de l'attachement. Paris, Odile Jacob.

Romano H. (2009). Dis, c'est comment quand on est mort ? Accompagner l'enfant sur le chemin du chagrin. Grenoble, La Pensée sauvage.

Romano H. (2012). L'Enfant et les jeux dangereux. Jeux post-traumatiques et pratiques dangereuses. Paris, Dunod.

Romano H. (2015a). Accompagner le deuil en situation traumatique. Dix situations cliniques. Paris, Dunod.

Romano H. (2015b). L'Enfant face au traumatisme. Paris, Dunod (2de édition).

Romano H., Izard E. (dir.) (2016). Danger en protection de l'enfance. Dénis et instrumentalisations perverses. Paris, Dunod.

Romano H. (2018). Quand la vie fait mal aux enfants. Séparations, deuils, attentats. Paris, Odile Jacob.

Smith J. (2018). À la rencontre de son bébé intérieur. Paris, Dunod.

Spitz R. (1946). «Anaclitic depression ». A Psychoanalytic Study of the Child, 2, p. 313-342. Traduction française : De la naissance à la parole. La première année de la vie. Paris, PUF, 1986.

Spitz R. (1949). « Hospitalisme ». Revue française de psychanalyse, 13, p. 349-425.

Théry I. (1998). Couple, filiation et parenté aujourd'hui. Le droit face aux mutations de la famille et de la vie privée. Rapport à la ministre de l'Emploi et de la Solidarité et au garde des Sceaux, ministre de la Justice. Paris, Odile Jacob.

Tisseron S., Hachet P., Nachin C., Rand N., Rouchy J.-Cl., Torok,M. (2004). Le Psychisme à l'épreuve des générations. Clinique du fantôme. Paris, Dunod.

Tomkiewicz S., Vivet P. (dir.) (1991). Aimer mal, châtier bien. Enquêtes sur les violences dans des institutions pour enfants et adolescents. Paris, Seuil.

Vaiva G., Lebigot F., Ducrocq F., Goudemand M. (2005). Psychotraumatismes : prise en charge et traitements. Paris, Masson.

Winnicott D. W. (1958). De la pédiatrie à la psychanalyse. Paris, Payot, 1989.

Winnicott D. W. (1971). Jeu et réalité. L'espace potentiel. Folio, 2002.

國家圖書館出版品預行編目（CIP）資料

如何安慰我們的孩子？：兒童心理學家的九堂課帶你緩解兒少的情緒陰影／愛蓮・羅曼諾（Hélène Romano）著；哈雷譯. -- 初版. -- 新北市：畢方文化有限公司, 2025.04

256面；14.8×21公分（Glueck；3）

譯自：Consoler nos enfants.

ISBN 978-626-99207-8-5（平裝）

1. CST：兒童心理學　2. CST：心理創傷

173.1　　114002064

GLÜCK 03

如何安慰我們的孩子？

兒童心理學家的九堂課帶你緩解兒少的情緒陰影

Consoler Nos Enfants: Comment les accompagner dans les chagrins de la vie

作　　者　愛蓮・羅曼諾（Hélène Romano）
譯　　者　哈雷
出版統籌　張曉蕊
責任編輯　翁靜如
版　　權　翁靜如
封面設計　萬勝安
內頁設計　黃淑華

出版發行　畢方文化有限公司
235603 新北市中和區建一路 176 號 12 樓之 1
電話：（02）2226-3070 #535
傳真：（02）2226-0198 #535
E-mail：befunlc@gmail.com

總 經 銷　大和書報圖書股份有限公司
地址：24890 新北市新莊區五工五路 2 號（新北產業園區）
電話：（02）8990-2588
傳真：（02）2290-1658

I S B N　978-626-99207-8-5
初　　版　2025 年 4 月
印 刷 廠　鴻霖印刷傳媒股份有限公司
定　　價　新台幣 480 元